はじめてでもミスしない

いちばんわかりやすい
医療法人の行政手続き

行政書士
中村弥生 著

日本法令

はじめに

　このたびは本書をお手に取りいただき、心より感謝申し上げます。
　本書は、医療法人の行政手続きにおいて、その進め方に困っている医療法人の事務長や会計事務所のスタッフの方々に向けて、私の実務経験と専門知識を基に執筆しました。
　医療法人の運営における様々な行政手続きは、しばしば非常に難解であり、必要な情報のみを網羅的に提供した書籍が不足しているのが現状です。この問題を解決するために、初心者でも理解しやすい形式で、頻出する手続きを中心に解説しているのが本書です。

　そこで、本書では、次のような4つのメソッドを取り入れました。
①医療法人設立、税務、労務等には触れず、医療法人設立後の行政手続きに焦点を当て、実務の段取りをわかりやすく解説しました。
②視覚的な理解を助けるために、図表を多用しました。
③15年にわたる医療法人専門の行政書士としての実務経験を基に、実践的なノウハウを提供しました。
④情報を必要最低限に絞り、手続きの要点を明確にしました。

　著者である私も17年前に医療法人の事務長として入職し、行政手続きの重要性と複雑さを痛感しました。その経験を活かし、本書を通じて皆様が行政手続きに苦労せずに済むよう、本書では具体的な内容の提供に努めました。本書が皆様の実務のお役に立てば幸いです。
　本書の対象読者は、医療法人の行政手続きに携わる方々、すなわち、医療法人の理事長、事務長、事務担当者などの方々、そして医療法人をクライアントに持つ税理士、公認会計士、会計事務所のス

タッフ、医療法人分野に参入したい行政書士、医療系コンサルタントです。この本は、「医療法人の行政手続きの実務で苦労している方々」「医療法人の行政手続きの知識を必要としている方々」を主な対象としています。

　なお、本書は、一般的な医療法人、つまり、保険診療を行っているクリニックを開設している医療法人社団の手続き実務を解説しています。財団や病院に関する手続きには触れていません。また、自由診療のみを行っている場合には、厚生局手続きに関する部分の記述はとばしていただいて構いません。

　本書の構成は、読者のニーズに柔軟に応じられるように作成しました。お時間のある方は、最初から順に読むことをお勧めしますが、特定の手続きにのみ関心がある方は、関連する箇所のみを読むだけで理解ができるようにしてあります。例えば、分院開設や移転など特定のトピックが必要な方は、それぞれ関連するPARTを直接確認いただけます。

　以下に、本書の各PARTで学べる内容の概要を記載します。
■はじめに
　本書の目的、対象読者、得られる知識とスキルについての概要。
■PART I：特に重要な4つのポイント
　縦割り行政の仕組みの理解、行政との協力関係の構築、関係者間の調整、グレーゾーンの処理方法について。
■PART II：手続き書類確認・行政手続きの特徴
　オンラインでの手続き状況確認、手続き書類の整理、行政手続きのポイントについての具体的な説明。
■PART III：定款と登記、組織構成
　定款と登記、医療法人の組織構成とその注意点についての解説。
■PART IV：よくある日常業務
　医療法人の日常業務、定時業務と臨時業務の進め方、書類作成方

法に関する実践的なガイド。

■ＰＡＲＴⅤ：分院開設・移転

　分院開設・移転に伴う手続きの全体像、確認事項、必要書類、具体的な手続き方法について。

　本書を通じて、皆様が行政手続きをスムーズに進め、理事長や院長先生の負担を軽減し、医療法人の運営をより効率よく行えるようサポートすることを目指しています。本書が皆様の貴重な参考資料となり、日々の業務において大いに役立つことを願っています。

　令和6年11月

行政書士　**中村　弥生**

本書のご利用にあたって

対象

　本書は、一般的な保険診療を行う無床のクリニックを開設している医療法人を対象としています。

ローカル・ルール

　一般的な例を解説しています。各役所によって異なりますので、確認してください。

登記申請

　登記申請については、法務局のウェブサイトにてご確認ください。

・手続き方法：商業・法人登記申請手続き（医療法人）
https://houmukyoku.moj.go.jp/homu/COMMERCE_11-1.html#6-11

・問合せ先：管轄のご案内
https://houmukyoku.moj.go.jp/homu/static/kankatsu_index.html

　※司法書士に依頼することをお勧めしています。

用語

　初心者の方が抵抗なく読み進められることを目指しています。そのため、あえて、「管理者」「診療所」といった医療法上の正式な用語を使用せず、読者の方の馴染みのある表現（「院長」「クリニック」等）を用いたり、通称を使用したりしている箇所があります。

・院長、院長先生……正式には「管理者」
・クリニック、医院……正式には「診療所」

・本院（その医療法人が開設した最初のクリニックやメインのクリニック）……通常、定款第4条の開設している診療所のひとつめの診療所
・分院……上記「本院」以外の診療所

　また、本文中の各用語の正式名称は下記のとおりです。
・保健所……診療所の所管保健所
・厚生局……保険医療機関の所管地方厚生局事務所
・都道府県等……都道府県及び政令指定都市
・診療所変更届……診療所開設届出事項変更届（役所によって異なります）
・保険医療機関変更届……保険医療機関届出事項変更届（役所によって異なります）

もくじ

PART Ⅰ
特に重要な４つのポイント

1. 行政の仕組みを理解する ………………………………… 2
2. 行政との信頼関係を築く ………………………………… 3
3. 関係者の調整をする ……………………………………… 4
4. グレーゾーンの処理について知る ……………………… 4

PART Ⅱ
医療法人の行政手続きの概要

第1章　情報収集の方法 ──────────── 8
1. 医療法などの法令、役所の公式ウェブサイト ………… 8
2. 登記調査と謄本の取得 …………………………………… 8
  (1) 登記情報提供サービス／8
  (2) 登記・供託オンライン申請システム／10
3. 厚生局のウェブサイト ………………………………… 11
  (1) 保険医療機関一覧（関東信越厚生局のＨＰより）／11
  (2) 施設基準の届出一覧（関東信越厚生局のＨＰより）／13

第2章　過去の手続き書類等の整理 ——— 14

① 医療法人の手続き書類 ········· 14

【都道府県等】／14

(1) 認可書（医療法人設立認可書、医療法人定款変更認可書）／14

(2) 各種届出書類（決算届、役員変更届、登記届）／15

② 各クリニックの手続き書類 ········· 15

【保健所】／15

【厚生局】／16

【その他手続き書類】／16

第3章　行政手続きのポイント ——— 17

① 所管の確認 ········· 17

② 5W1Hの確認 ········· 19

(1) Ｗｈｅｎ＝時期／19

(2) Ｗｈｅｒｅ＝申請先・届出先／19

(3) Ｗｈｏ＝申請者・届出者／19

(4) Ｗｈａｔ＝手続き名／20

(5) Ｗｈｙ＝法的根拠／20

(6) Ｈｏｗ＝様式／20

③ 役割分担 ········· 20

④ 押印の要否 ········· 22

⑤ 控えについて ········· 22

⑥ 手続き書類の整理 ········· 22

もくじ　VII

第4章　行政手続きの例 ————————— 24

1 医療法人の定時業務 ………………………………… 25

2 管理者変更の手続き ………………………………… 26

3 分院開設 ……………………………………………… 27

4 移転 …………………………………………………… 28

PART Ⅲ
定款と登記、組織構成

第1章　定款と登記 ———————————————— 30

1 定款と登記とは ……………………………………… 30

2 **定款例とポイント** ………………………………… 31

　⑴　定款例（東京都のモデル定款を一部修正）／31

　⑵　定款のポイント／44

3 **登記の例とポイント** ……………………………… 45

　⑴　登記情報の見本／46

　⑵　登記のポイント／47

4 定款と登記の比較 …………………………………… 48

第2章　定款の確認と医療法人の類型 ————— 51

1 定款の確認 …………………………………………… 51

(1) 「①旧法（出資持分あり）の医療法人」の定款／52

(2) 「②新法（基金制度採用）の医療法人」の定款／53

2 医療法人の類型 ……………………………………… 54

第3章　医療法人の組織構成 ──────── 56

1 役員と社員 ……………………………………………… 56

(1) 役員／56

(2) 社員（医療法人社団の場合）／57

2 株式会社との比較 …………………………………… 57

3 注意点 ………………………………………………… 59

PART Ⅳ
よくある日常業務

第1章　医療法人の日常業務 ───────── 62

1 定時業務 ……………………………………………… 62

2 臨時業務 ……………………………………………… 63

第2章　日常業務の進め方の手順 ─────── 67

1 定時業務の進め方 …………………………………… 67

(1) 役員改選ではない年／67

もくじ　Ⅸ

⑵ 役員改選の年／68

② 臨時業務の進め方 ··· 68
⑴ 任期途中で、役員の変更がある場合／69
⑵ 管理者（院長）が交代する場合／69

第3章　日常業務の手続き書類の作成方法 ──── 71

① 定時業務 ·· 72
⑴ 決算届（事業報告）／72
⑵ 役員変更届（2年ごとの改選）／82
⑶ 登記申請／83
⑷ 登記届／83

② 臨時業務 ·· 84
⑴ 管理者交代以外の役員変更手続き（任期途中）／84
⑵ 管理者交代手続き／86

第4章　役員変更届及び登記事項届の様式・記載例 ── 94

① 役員変更届の様式・記載例 ································· 94
⑴ 役員変更届の提出書類／94
⑵ 様式及び記載例一式（東京都のＨＰより：一部抜粋・修正）／96
⑶ 事例別記載例／101

② 登記事項届の様式・記載例 ································· 108
⑴ 記載例（東京都のＨＰを一部修正）／108
⑵ 事例別記載例／110

PART V
大きなイベント
〜分院開設・移転〜

第1章　全体の流れ ───── 115

　分院開設の場合 ･････････････････････････････ 118

　移転の場合 ･････････････････････････････････ 120

第2章　確認事項 ─────── 123

1　クリニックの名称 ･･････････････････････････ 123

2　クリニックの所在地の表記 ･･････････････････ 124

3　分院開設資金・移転資金の検討 ･･････････････ 125

4　必要手続き等の提出状況 ････････････････････ 126

5　管理者（院長）の選任　分院開設の場合 ･･････････ 127

第3章　用意するもの ───── 128

1　医療法人関連の書類 ････････････････････････ 128

　(1)　現行定款／128
　(2)　医療法人の謄本（履歴事項全部証明書）／129
　(3)　設立時の認可書、(設立後に定款変更をしている場合)
　　　 定款変更認可書の控え一式／129
　(4)　役員変更届、事業報告（決算届）の控え／129

(5) 医療法人の直近の法人税の確定申告書、月次残高試算表／129

② 分院関連の書類、移転先診療所関連の書類 ………… 129

(1) 建物関連の書類／130

(2) 管理者関連の書類／132

第4章　具体的手続き —————————— 133

① 定款変更認可申請 …………………………………… 133

(1) 5W1Hの確認／135

(2) 定款変更認可申請の流れ／136

(3) 定款変更認可申請の提出書類／136

(4) 定款変更認可申請書類の作成方法（東京都の場合）／139

(5) 申請書類作成後の流れ／184

② 登記申請 ……………………………………………… 186

③ 保健所手続き ………………………………………… 189

(1) 保健所と厚生局手続きの流れ／191

(2) 原本確認／193

(3) 押印の要否／194

(4) 提出するもの及び様式／194

(5) 必要部数／197

(6) 具体的手続き／198

④ 厚生局手続き ………………………………………… 240

分院開設の場合 …………………………………… 240

(1) 厚生局手続きの流れ／241

(2) 必要部数／242

(3) 具体的手続き／242

⑷　申請後の流れ／249

移転の場合 ……………………………………………… **252**

⑴　厚生局手続きの流れ／252

⑵　必要部数／254

⑶　具体的手続き／254

⑷　申請後の流れ／263

5　その他の手続き ……………………………………… **265**

⑴　施設基準の届出／266

⑵　難病、労災申請など／278

⑶　（介護保険法の）みなし指定／278

もくじ　XIII

PART I

特に重要な
4つのポイント

医療法人の行政手続きにおいて重要な4つのポイントは以下のとおりです。

■ ポイント ■
1 行政の仕組みを理解する
2 行政との信頼関係を築く
3 関係者の調整をする
4 グレーゾーンの処理について知る

これらについて、順を追って見ていきましょう。

1　行政の仕組みを理解する

　例えば医療法人が分院を開設する場合、都道府県等、法務局、保健所、厚生局でそれぞれ手続きが必要であり、かつ、この順序で進める必要があります。
　一例をあげますと、分院開設の場合の流れは、次頁のフローチャートのようになります。

1　まず、「都道府県等」に医療法人の「定款変更認可申請」を行い、「認可」を受けます。
2　「認可」を受けたら、「法務局」で「目的変更登記」を行います。これは通常、司法書士に依頼します。
3　その後、「保健所」で「診療所開設許可申請」を行い、「許可」を受けます。「許可」がおりたら、「診療所開設届」を提出します。
4　最後に、「厚生局」で「保険医療機関指定申請」を行います。これにより、保険医療機関として「指定」されます。

■ 分院開設：標準的フローチャート

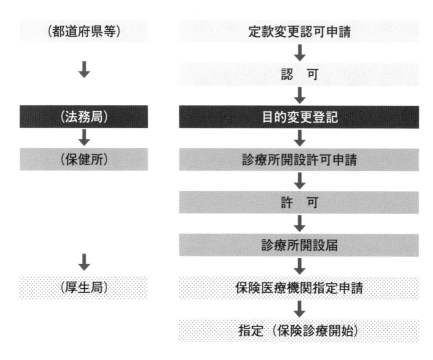

　最初の定款変更を行ったら自動的に手続きが進むわけではありません。各役所に対して、決まった順番で手続きを進める必要があります。行政の組織は縦割りであり、各組織をまたいでの手続きや便宜を期待することはできません。

2　行政との信頼関係を築く

　行政は、信頼関係を重視するので、行政との信頼関係を築くことは業務をスムーズに進めるうえで重要です。なお、医療法人の窓口や問合せ担当者を一本化することが望ましいです。

③ 関係者の調整をする

　医療法人や医療機関の手続きには多くの関係者がかかわります。理事長、院長、レントゲン業者などの医療関係者だけでなく、各行政機関の担当者、医院設計内装業者、税理士、司法書士などがかかわります。

　多くの関係者との連携が必要になるため、医療法人の事務長などが窓口として関係者間の調整を行うことが非常に重要です。また、各担当者の所属や役割を理解しておくことも大切です。

④ グレーゾーンの処理について知る

　医療法等で手続きの概要は決まっていますが、詳細はケースごとに異なり、グレーゾーンやローカルルールが生じることがあります。例えば、管理者の要件や厚生局の遡及要件などは解釈によってグレーゾーン等が生じます。しかし、グレーゾーン等が生じるとはいっても基本は医療法等に従います。これらの法律の存在を知り、これに従って進められることは理解しておきましょう。

【参考：医療法】「ｅ－ＧＯＶ法令検索」画面のトップページ

https://elaws.e-gov.go.jp/document?lawid=323AC0000000205

4　グレーゾーンの処理について知る　　5

PART II

医療法人の
行政手続きの概要

第1章 情報収集の方法

　まず、情報を収集することが大切なので、その方法について解説します。情報収集には主に以下の3つの方法があります。

　① 医療法などの法令、役所の公式ウェブサイト
　② 登記調査と謄本の取得
　③ 厚生局のウェブサイト

① 医療法などの法令、役所の公式ウェブサイト

　法令、各種通知、役所の公式ウェブサイトなどの公式情報のみを信頼してください。法令を正確に理解することも重要です。インターネット上の様々な二次情報はあくまでも参考としてのみ扱いましょう。その内容が古い場合や現行法令に沿っていない、または間違っている可能性があるため、正しい情報を得ることが重要です。

② 登記調査と謄本の取得

(1) 登記情報提供サービス

　登記調査には、登記情報提供サービスの利用がお勧めです（図1

■ 図1　登記情報提供サービス

出典：https://www1.touki.or.jp/

参照）。このサービスでは、オンラインで医療法人や不動産などの登記情報の確認が可能です。

　例えば、医療法人では次のような規定がありますが、この登記情報提供サービスを利用して医療法人の登記の状況を確認してみましょう。

- 資産総額の変更登記は毎年必要です。(医療法第43条、組合等登記令第3条第3項)
- 理事長の変更登記は2年ごとに更新が必要です。(医療法第43条、組合等登記令第3条第1項)

　未対応の場合は、至急手続きを進めましょう。

第1章　情報収集の方法　　9

(2) 登記・供託オンライン申請システム

　登記事項証明書の原本は、最寄りの法務局でも取得が可能ですが、この登記・供託オンライン申請システムの利用がお勧めです（図2参照）。このシステムを利用すれば、オンラインで登記事項証明書の原本を取り寄せることができます。1通あたり500円程度の費用がかかりますが、送料は不要です。ただし、原本到着まで2～3日かかることがあります。急ぎの場合は、260円の追加料金で速達が利用可能です。

■ 図2　登記・供託オンライン申請システム

出典：https://www.touki-kyoutaku-online.moj.go.jp/

③ 厚生局のウェブサイト

　厚生局のホームページを確認することで、保険医療機関の手続き状況を把握できます。ここには、医療法人が厚生局に提出した正式な申請や届出に基づいて登録された情報が掲載されており、最も信頼性の高い情報源です。

　なお、令和6年4月より運用開始となった医療情報ネット（ナビイ）も存在しますが、ここで確認できる医療機能情報は、医療機関が報告した情報ではありますが、保健所や厚生局への正式な手続き内容とは完全には一致していません。まず厚生局のホームページを活用することをお勧めします。

⑴　保険医療機関一覧（関東信越厚生局のＨＰより）

　厚生局のホームページには、保険医療機関一覧が掲載されています（図3参照）。この一覧には以下の情報が含まれます。

① 保険医療機関番号：診療報酬の請求に必要な重要な番号です。
② 医療機関の名称：医療機関の正式名称です。
③ 医療機関所在地：医療機関の所在地です。
④ 電話番号と勤務医数：医療機関の連絡先や規模が把握できます。
⑤ 開設者氏名：法人開設の場合は法人名と代表者の名前が、個人クリニックの場合は個人名が記載されており、クリニックが個人開設か法人開設かが判断できます。
⑥ 管理者氏名：院長の名前が確認できます。
⑦ 指定年月日、登録理由、指定期開始日：
　医療機関が最初に指定を受けた日、登録の理由（新規開設、組織変更、移転など）、直近の指定期間開始日を確認できます。なお、保険医療機関の指定は6年間有効です。
⑧ 病床数と診療科名：病床数と医療機関の診療科目が略称で記載

第1章　情報収集の方法　　11

されています。

⑨　備考：診療所か病院か、現存するか休止中かがわかります。

■ 図3　保険医療機関一覧（関東信越厚生局のＨＰより）

コード内容別医療機関一覧表

[令和6年8月1日現在　医科　現存/休止]　　　　　　　　　　　　　　　　　　　　　令和6年8月1日作成　　143頁

項番	医療機関番号	医療機関名称	医療機関所在地	電話番号 勤務医数	開設者氏名	管理者氏名	指定年月日 登録理由 指定期間開始	病床数 診療科名	備考
1247	03,3983,8	しおどめ眼科	〒105-7090 港区東新橋一丁目8番2号　カレッタ汐留地下1階	03-6228-5821 常　勤：　1 (医：　1) 非常勤：　2 (医：　2)	医療法人社団 結和　理事長 柿木　一邦	伊藤　由紀子	平27.6.1 新規 令3.6.1	眼	診療所 現存
1248	03,3985,3	医療法人　邦寿会 東京皮膚科・形成外科　品川院	〒108-0075 港区港南二丁目16番1号　品川イーストワンタワークリニックモール3 0　7-D	03-5479-3388 常　勤：　4 (医：　4) 非常勤：　14 (医：　14)	医療法人　邦寿会　理事長　池田　欣生	辻野　一郎	平27.6.1 新規 令3.6.1	皮　形外	診療所 現存
1249	03,3987,9	中山医院	〒107-0062 港区南青山三丁目14番19号	03-6434-5122 常　勤：　2 (医：　2) 非常勤：　3 (医：　3)	許　瑞美	許　瑞美	平27.6.1 新規 令3.6.1	内　糖尿病・代謝・内分泌内科　リ ウ 内科	診療所 現存
1250	03,3989,5	新橋田中内科	〒105-0004 港区新橋二丁目16番1号　ニュー新橋ビル31 9号	03-3580-9466 常　勤：　1 (医：　1) 非常勤：　1 (医：　1)	田中　公啓	田中　公啓	平27.5.7 移動 令3.5.7	内　循環器内科 呼内　肝臓消化器内科　糖尿病代謝	診療所 現存
1251	03,3995,2	医療法人社団 nao　田町芝浦耳鼻咽喉科	〒108-0023 港区芝浦三丁目19番1号　オー・アイ・芝浦 2階	03-5418-8733 常　勤：　1 (医：　1)	医療法人社団 nao　理事長 竹内　直信	竹内　直信	平27.5.21 組織変更 令3.5.21	耳い　アレ	診療所 現存
1252	03,3999,4	なかむらそうクリニック	〒106-0045 港区麻布十番一丁目7番1号　MGB麻布十番ビ ル5階	03-6434-7828 常　勤：　1 (医：　1)	中村　聡	中村　聡	平3.9.1 新規 令3.9.1	ひ　内	診療所 現存
1253	03,7067,6	医療法人社団　友仁会　赤坂見附前田病院	〒107-0051 港区元赤坂一丁目1番5号　富士険ビルデイング 1階	03-3408-1136 常　勤：　21 (医：　20) 非常勤：　157 (医：　157)	医療法人社団 友仁会　理事長 前田　京助	前田　祐助	平3.1.1 令6.1.1	一般　　　59 外　消化器内科 消化器外科　整外 肛門外科　神内 内　リハ　ひ 呼内　呼外　糖尿 病内科　循環器内 科 - 腎臓内科 - も	病院

12　　PART Ⅱ　医療法人の行政手続きの概要

(2) 施設基準の届出一覧（関東信越厚生局のＨＰより）

　厚生局のホームページには、「施設基準の届出一覧」という情報も掲載されています（図４参照）。ここでは、加算に関する手続き状況が確認できます。

■図４　施設基準の届出一覧（関東信越厚生局のＨＰより）

届出受理医療機関名簿

全医療機関出力
[令和 6 年 7 月 1 日　現在　医科　]

令和 6 年 8 月 1 日　作成　　221 頁

項番	医療機関番号	医療機関名称	医療機関所在地 電話番号（FAX番号）	病床数	受理番号	算定開始年月日	備　考
1251	03,3979,6	白金高輪海老根ウィメンズクリニック	〒108-0074 港区高輪一丁目2番17号 高輪桐ビル5階 03-5789-2590　（03-5789-2591）		（情報通信）第1772号 （医療DX）第80号 （乳腺ケア）第301691号 （婦特管）第863号 （ハイⅠ）第272037号 （がん指）第343381号 （ハイ妊連Ⅰ）第301692号 （ＨＰＶ）第272038号 （外来感染）第301171号	令和 5 年 6 月 1日 令和 6 年 6 月 1日 平成30年 4 月 1日 令和 2年10月 1日 平成27年 4 月 1日 令和元年10月 1日 平成30年 4 月 1日 平成27年 4 月 1日 令和 4年 4 月 1日	
1252	03,3981,2	アマラクリニック 表参道	〒107-0062 港区南青山一丁目10番38号 岩田ハウス101号室 03-6438-9869		（情報通信）第116号 （精連検）第4号 （認Ⅰ）第301484号	令和 4 年 4 月 1日 平成30年 4 月 1日 平成30年 4 月 1日	
1253	03,3982,0	品川シーズンテラス健診クリニック	〒108-0075 港区港南一丁目2番70号 品川シーズンテラス5階 03-6712-1445　（03-6712-1446）		（Ｃ・Ｍ）第271349号	平成27年 5 月 1日	
1254	03,3983,8	しおどめ眼科	〒105-7090 港区東新橋一丁目8番2号 カレッタ汐留地下1階 03-6228-5821　（03-6228-5831）		（医療DX）第1807号 （コンⅠ）第310850号 （外在ベⅠ）第2796号	令和 6 年 6 月 1日 令和 5年12月 1日 令和 6 年 6 月 1日	
1255	03,3985,3	医療法人　邦寿会 東京皮膚科・形成外科　品川院	〒108-0075 港区港南二丁目16番1号 品川イーストワンタワークリニックモール307-D 03-5479-3388　（03-5479-0175）				
1256	03,3987,9	中山医院	〒107-0062 港区南青山一丁目14番19号 03-6434-5122　（03-6434-5122）				
1257	03,3989,5	新橋田中内科	〒105-0004 港区新橋二丁目16番1号 ニュー新橋ビル319号 03-3580-9466		（情報通信）第529号 （外来感染）第3034号 （医療DX）第281号 （がん指）第273154号	令和 4 年 4 月 1日 令和 6 年 6 月 1日 令和 6 年 6 月 1日 平成27年 7 月 1日	
1258	03,3995,2	医療法人社団　ｎａｏ 田町芝浦耳鼻咽喉科	〒108-0023 港区芝浦三丁目19番19号 オ・アイ・芝浦2階 03-5418-8733　（03-5418-8734）		（外在ベⅠ）第611379号	令和 6 年 6 月 1日	

第 1 章　情報収集の方法　　13

第2章 過去の手続き書類等の整理

　すべての医療法人は、過去に下記の手続きを行っています。過去の手続き書類を整理することで、今後の手続きがずっと楽になります。

　特に、分院開設や移転手続きには、これらの書類が資料として不可欠です。その時になって慌てないよう、日ごろから整理しておくことをお勧めします。

1　医療法人の手続き書類

　「医療法人の手続き書類」とは、医療法人に関する手続き書類で、提出先は都道府県等です。

【都道府県等】

(1) 認可書（医療法人設立認可書、医療法人定款変更認可書）

① 医療法人設立認可申請書・認可書
- すべての医療法人は、医療法人設立認可を受けて設立されています。

② 医療法人定款変更認可申請書・認可書
- 設立後に定款変更を行っている場合は、こちらの書類も重要です。

⑵　各種届出書類（決算届、役員変更届、登記届）

　過去の手続き書類を確認し、未対応の届出があれば、これを機に提出しておきましょう。

① 　決算届、経営情報の報告

- 毎年提出する書類です。少なくとも直近３年分を整理しましょう。
- 経営情報の報告は、令和５年８月１日から施行された制度です。

② 　役員変更届

- 原則、少なくとも、２年に１度は必要な届出です。
- 改選時以外に変更があった場合の役員変更届も整理しましょう。
- 書類を確認し、現在の医療法人の組織構成（役員と社員）を再確認しましょう。

③ 　登記届

- 変更登記をした後に行う届出です。少なくとも、毎年１回は行う手続きです。

２　各クリニックの手続き書類

　「各クリニックの手続き書類」とは、医療法人が開設しているクリニックの手続き書類で、提出先は各クリニックの所在地を管轄する役所（保健所や厚生局等）です。

【保健所】

　医療法人が開設しているすべての診療所について、それぞれ下記の手続きを行っています。各書類の控え等を整理しておきましょう。開設後に変更（構造設備や管理者など）を行っている場合は、その手続き書類の副本等も整理しましょう。変更の手続きが未提出の場合は、これを機に提出しましょう。

① 診療所開設許可申請書・許可書

② 診療所開設届

【厚生局】

医療法人が開設しているすべての保険医療機関について、それぞれ下記の手続きを行っています。同じく書類の控え等を整理しておきましょう。指定後に変更（管理者や、保険医の入退職など）があった場合は、その手続き書類の控えも整理しましょう。変更の手続きが未提出の場合は、これを機に提出しましょう。

① 保険医療機関指定申請書・指定通知書

② 施設基準の届出・受理通知

ほとんどの診療所で施設基準の届出をしていますが、提出していない保険医療機関もあります。「施設基準の届出一覧（コード内容別医療機関一覧表）」で確認しましょう。

【その他手続き書類】

生活保護法、介護指定申請等、上記以外の手続きを過去に行っている場合は、診療所ごとに手続き書類を整理しておきましょう。

第3章 行政手続きのポイント

行政手続きの実務上のポイントは、大きく6つあります。

1. 所管の確認
2. ５Ｗ１Ｈの確認
3. 役割分担
4. 押印の要否
5. 控えについて
6. 手続き書類の整理

各ポイントについて、順に説明します。

1 所管の確認

　行政の縦割り構造については前述のとおりです。手続きを行う際に、どの役所に申請や届出をすべきかを確認することが非常に重要です。各手続きの所管を整理しておくと、行政手続きがスムーズになります。
　まずは、医療法人と開設している診療所の所管を確認してみましょう。

- 都道府県庁等→1カ所（原則、医療法人の主たる事務所の所在地）
- 保健所・厚生局→各1カ所（開設している診療所の所在地）

			管轄の役所名		
		所在地	都道府県等	保健所	厚生局
医療法人					
診療所	診療所 ①				
	診療所 ②				
	診療所 ③				

　医療法人の所管の都道府県等は、原則として医療法人の主たる事務所の所在地であり、1カ所です。

　一方、各診療所の所管の保健所と厚生局は、開設している診療所の所在地ごととなります。例えば、主たる事務所が東京都大田区にあり、クリニックが東京都大田区と神奈川県鎌倉市にある場合、所管は下記のとおりとなります。

■医療法人……東京都
診療所 ① （東京都大田区）
　• 保健所……大田区保健所
　• 厚生局……東京厚生局（正式名称「関東信越厚生局東京事務所」）
診療所 ② （神奈川県鎌倉市）
　• 保健所……鎌倉市保健所（正式名称「神奈川県鎌倉保健福祉事務所」）
　• 厚生局……神奈川厚生局（正式名称「関東信越厚生局神奈川事務所」）

---

② 5W1Hの確認

　手続きを進める場合は、まず、5W1H（時期、申請先・届出先、申請者・届出者、手続き名、法的根拠、様式）を確認することが大切です。

※「5W1H」とは、「When（いつ）」「Where（どこで）」「Who（誰が）」「What（何を）」「Why（なぜ）」「How（どのように）」の略です。

⑴　When ＝時期

　事前に申請が必要な場合、つまり「認可申請」「許可申請」「指定申請」などは、事前に提出する必要があります。医療法人の場合、主な申請に、都道府県等への認可申請、保健所への許可申請、厚生局への指定申請などがあります。

　一方、各種届出は、原則として、事後（変更事由発生後）に提出します。

⑵　Where ＝申請先・届出先

　手続き書類の申請先・届出先は、所轄の役所（都道府県庁、保健所、厚生局等）です。

　ただし、都道府県庁への手続きに関しては、主たる事務所の所在地の保健所経由で提出する場合もあるので、注意が必要です。例えば、届出先が千葉県庁で、書類の実際の提出先は松戸市保健所ということもあります。

⑶　Who ＝申請者・届出者

　申請者・届出者は、誰が申請や届出を行うかを意味します。手続き内容によって、医療法人自体が申請や届出を行うこともあるし、管理者等の個人が申請や届出を行うこともあります。手続き内容に

第3章　行政手続きのポイント　　19

応じて、申請者や届出者を確認してください。

⑷　What ＝手続き名

　手続き名は、申請や届出の内容を指します。現在及び将来、どのような対応が必要かを理解することが重要です。

⑸　Why ＝法的根拠

　法的根拠は、手続きがどの法令に基づいているかを指します。申請書や届出書の様式には、根拠となる法令の条文番号が記載されている場合もあります。手続きは主に医療法などに基づいて進められるため、申請や届出内容が医療法などの規定から逸脱してはなりません。

⑹　How ＝様式

　様式は、申請や届出のフォーマットを指します。各役所の所定の様式があるので、その様式を使用します。異なる様式で提出すると、申請が受理されずに返却されるので、事前に適切な様式を確認したうえで手続きをすることが大切です。

③　役割分担

　医療法人の手続き業務が誰によって進められているかを明確に把握し、整理することが重要です。年ごとに担当者が変わると、必要な手続きの抜けや重複、齟齬が生じるおそれがあります。可能な限り、年ごとの変更を避け、一貫して同じ担当者が業務を遂行することが望ましいです。

　まずは、過去の業務分担状況を確認してみましょう。

　・決算届（毎年）

・役員変更届　　①改選（2年ごと）　　②不定期

手続き名		令和3年	令和4年	令和5年
決算関連	資産総額変更登記			
	決算届			
	登記事項届			
役員変更 ＊改選	理事長変更登記			
	役員変更届			
	登記事項届			
役員変更 ＊改選以外	役員変更届			

　よくあるケースですが、決算関連手続き（決算届、資産総額変更登記と登記事項届）は税理士が行い、改選の年には、理事長変更登記を司法書士に依頼している場合。このやり方だと、改選時の役員変更届が提出されていないことが非常に多く見受けられます。

　さらに、臨時の対応は医療法人が行うなど、突発業務を含めると分担が複雑になっていることがあります。

　実際に、責任範囲が曖昧なまま手続きを怠っている医療法人は多いと思われますので、責任範囲を明確に分けることが望ましいでしょう。責任範囲が明確であれば、業務の不備や重複を避けることができ、予期せぬ問題を回避しやすくなります（万が一の際にも、過去の記録を調べやすく、対応が迅速に行えます）。

　なお、医療法人以外の者が上記の手続きを代行する場合、登記は司法書士、登記以外の手続き（決算届や役員変更届、登記事項届）は行政書士業務の独占業務ですので、他の者が代行することはできません。

　税理士が行政書士登録をしないまま行政書士業務を行っているケースが非常に多くみられますが、税理士が行政書士業務を行う場合は、行政書士登録が必要です。

第3章　行政手続きのポイント　21

4 押印の要否

　近年、押印が不要とされる手続きが増加していますが、まだ押印が必要なケースも多く存在します。ルールが一律ではなく過渡期ということもあり様々なため、押印の要否はつど確認することが重要です。押印が必要な場合は、早めに押印の手配をしましょう。

5 控えについて

　すべての手続きにおいて、役所への提出分の他に医療法人の控え分を準備し、必ず、控えや副本をもらうことが非常に重要です。役所のホームページに控えや副本に関する記載がない場合も、医療法人分の控えを余分に用意し、必ず収受印をもらうようにします。

　控えの重要性を理解することで、手続きを確実に行い、また、将来の業務を効率的に進めることが可能になります。

　役所の窓口に出向いて手続きをする場合は、その場で、医療法人分の書類に収受印をもらってください。

　郵送の場合は、往復ともにレターパックを利用し、控えや副本を返送してもらうように手配しましょう。重要な書類の場合はレターパックプラスを使用しましょう。

　普通郵便は追跡ができず、到着に時間がかかりますが、レターパックを利用することでこれらの問題を解消できます。

6 手続き書類の整理

　一連の手続き完了後には、控えや副本を整理しておきます。

手続きの一覧表も作成しておくと便利です。医療法人業務におい
ては細かい手続きが数多く存在し書類が多岐にわたりますが、どの
手続きが行われたかを簡潔に確認することができ、業務の進捗を効
率的に管理できます。

第4章 行政手続きの例

　今後も、医療法人にとって必要な行政手続きが定期的あるいは臨時で発生します。手続きを進める際は、すでに述べたように、行政組織は縦割りの特徴をもっているので、各種手続きのフローチャートを把握することが非常に重要です。

　以下は、本書で取り上げている頻出手続きの例です。

1 医療法人の定時業務

例えば、毎年の決算届や経営情報の報告と、2年に1回の役員改選手続きのような定時業務があります。都道府県等への手続きと法務局への手続きがありますが、これらは同時に進めても問題ありません。フローチャートの左側は決算のみの年、右側が役員改選もある年です。

■定時業務（決算・役員改選）：標準的フローチャート

決算のみの年（毎年）		役員改選の年（2年ごと）	
【都道府県等】	【法務局】	【都道府県等】	【法務局】
決算届（事後） 経営情報の報告（事後）	資産総額変更登記（事後） ↓ 【都道府県等】 登記届（事後）	決算届（事後） 経営情報の報告（事後） 役員変更届（事後）	資産総額・理事長重任登記（事後） ↓ 【都道府県等】 登記届（事後）

第4章 行政手続きの例

2 管理者変更の手続き

　医療法人が開設する診療所の管理者が交代する場合、原則として、都道府県等に理事変更の届出（役員変更届）、保健所と厚生局に管理者変更の届出（診療所変更届、保険医療機関変更届）と3カ所への提出が必要です。

■管理者変更手続き：標準的フローチャート

【都道府県等】	【保健所】	【厚生局】
役員変更届 （事後）	診療所変更届 （事後）	保険医療機関変更届 （事後）

3 分院開設

　医療法人が分院を開設する場合、まず都道府県等に定款変更認可申請を行い、認可がおりれば法務局で目的変更登記をします。その後、保健所に診療所開設許可申請を行い、許可がおりれば診療所開設届を提出します。続いて、厚生局で保険医療機関指定申請を行います。

　長期にわたる手続きなので、常にフローチャートで現在地を把握することが重要です。

■分院開設：標準的フローチャート

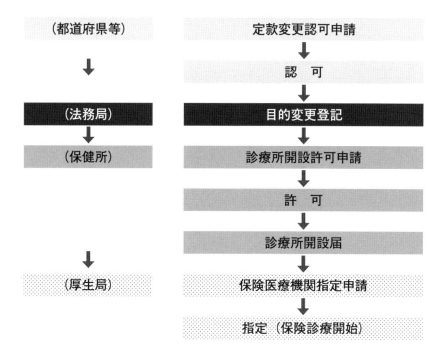

4 移転

　医療法人が開設している診療所が移転する場合は、まず都道府県等に定款変更認可申請を行い、認可がおりれば法務局で目的変更登記をします。その後、保健所に診療所開設許可申請を行い、許可がおりれば旧診療所の廃止届と新診療所の開設届を提出します。続いて、厚生局で旧診療所の保険医療機関廃止届と新診療所の保険医療機関指定申請を行います。
　こちらも長期にわたる手続きなので、常にフローチャートで現在地を把握することが重要です。

■診療所移転：標準的フローチャート

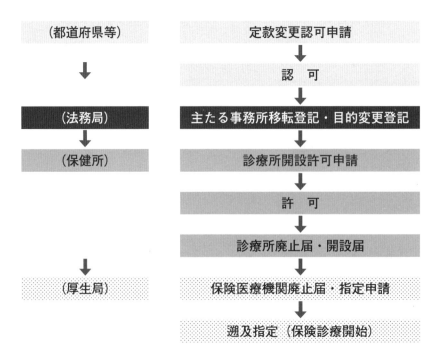

28　PART Ⅱ　医療法人の行政手続きの概要

PART III

定款と登記、組織構成

第1章 定款と登記

この章では医療法人の実際の定款と登記を確認してみましょう。
　まず、定款と登記をしっかり確認しておくことが、行政手続き実務の第1歩です。

1 定款と登記とは

　「定款」とは、会社等の法人の目的（事業）、内部組織、運営に関する基本的なルールが記載された「会社等の憲法」のようなものです。医療法人の定款については、医療法第44条に規定があります。「登記」（及び登記制度）とは、重要な権利や義務などを社会に向けて公示し、それらを保護したうえで取引を円滑にするために定められている法制度の一つです。様々な種類がありますが、よく使われるものは「不動産登記」と「商業登記・法人登記」です。医療法人の登記は、法人登記のうちの一つで、医療法第43条に規定があります。
　それでは、医療法人の定款と謄本（履歴事項全部証明書）を確認してみましょう。

② 定款例とポイント

(1) 定款例（東京都のモデル定款を一部修正）

医療法人社団○○○定款

第1章　名称及び事務所

第1条　本社団は、医療法人社団○○○ と称する。　　❶

第2条　本社団は、事務所を 東京都○○○○○○○○○○○
○ に置く。　　❷

第2章　目的及び事業

第3条　本社団は、診療所を経営し、科学的でかつ適正な医療
を普及することを目的とする。

第4条　本社団の開設する診療所の名称及び開設場所は、次の
とおりとする。　　❸
　　　　　○○○○○○
　　　　　○○○○○○○○○○○○

第3章　基金

第5条　本社団は、その財政的基盤の維持を図るため、基金を

第1章　定款と登記　31

引き受ける者の募集をすることができる。

第6条　本社団は、基金の拠出者に対して、本社団と基金の拠出者との間の合意の定めるところに従い返還義務（金銭以外の財産については、拠出時の当該財産の価額に相当する金銭の返還義務）を負う。

第7条　基金の返還は、定時社員総会の決議によって行わなければならない。

2　本社団は、ある会計年度に係る貸借対照表上の純資産額が次に掲げる金額の合計額を超える場合においては、当該会計年度の次の会計年度の決算の決定に関する定時社員総会の日の前日までの間に限り、当該超過額を返還の総額の限度として基金の返還をすることができる。

(1)　基金（代替基金を含む。）

(2)　資産につき時価を基準として評価を行ったことにより増加した貸借対照表上の純資産額

3　前項の規定に違反して本社団が基金の返還を行った場合には、当該返還を受けた者及び当該返還に関する職務を行った業務執行者は、本社団に対し、連帯して、返還された額を弁済する責任を負う。

4　前項の規定にかかわらず、業務執行者は、その職務を行うについて注意を怠らなかったことを証明したときは、同項の責任を負わない。

5　第3項の業務執行者の責任は、免除することができない。ただし、第2項の超過額を限度として当該責任を免除することについて総社員の同意がある場合は、この限りでない。

6　第2項の規定に違反して基金の返還がされた場合において

は、本社団の債権者は、当該返還を受けた者に対し、当該返還の額を本社団に対して返還することを請求することができる。

第8条　基金の返還に係る債権には、利息を付することができない。

第9条　基金の返還をする場合には、返還をする基金に相当する金額を代替基金として計上しなければならない。
2　前項の代替基金は、取り崩すことができない。

第4章　資産及び会計

第10条　本社団の資産は次のとおりとする。
　(1)　設立当時の財産
　(2)　設立後寄附された金品
　(3)　事業に伴う収入
　(4)　その他の収入
2　本社団の設立当時の財産目録は、主たる事務所において備え置くものとする。

第11条　本社団の資産は、社員総会又は理事会で定めた方法によって、理事長が管理する。

第12条　資産のうち現金は、医業経営の実施のため確実な銀行又は信託会社に預け入れ若しくは信託し、又は国公債若しくは確実な有価証券に換え保管する。

第13条　本社団の収支予算は、毎会計年度開始前に理事会及び社員総会の議決を経て定める。

第14条　本社団の会計年度は、毎年○月○日に始まり翌年○月○日に終る。　　　　　　　　　　　　　　❹

第15条　本社団の決算については、事業報告書、財産目録、貸借対照表及び損益計算書（以下「事業報告書等」という。）を作成し、監事の監査、理事会の承認及び社員総会の承認を受けなければならない。

2　本社団は、事業報告書等、監事の監査報告書及び本社団の定款を事務所に備えて置き、社員又は債権者から請求があった場合には、正当な理由がある場合を除いて、これを閲覧に供しなければならない。

3　本社団は、毎会計年度終了後３月以内に、事業報告書等及び監事の監査報告書を東京都知事に届け出なければならない。

第16条　決算の結果、剰余金を生じたとしても、配当してはならない。

第５章　社員

第17条　本社団の社員になろうとする者は、社員総会の承認を得なければならない。

2　本社団は、社員名簿を備え置き、社員の変更があるごとに必要な変更を加えなければならない。

第18条　社員は、次に掲げる理由によりその資格を失う。

⑴　除　名

⑵　死　亡

⑶　退　社

2　社員であって、社員たる義務を履行せず本社団の定款に違反し又は品位を傷つける行為のあった者は、社員総会の議決を経て除名することができる。

第19条　やむを得ない理由のあるときは、社員はその旨を理事長に届け出て、退社することができる。

第6章　社員総会

第20条　理事長は、定時社員総会を、毎年2回、○月及び○月に開催する。

2　理事長は、必要があると認めるときは、いつでも臨時社員総会を招集することができる。

3　理事長は、総社員の5分の1以上の社員から社員総会の目的である事項を示して臨時社員総会の招集を請求された場合には、その請求があった日から20日以内に、これを招集しなければならない。

4　社員総会の招集は、期日の少なくとも5日前までに、その社員総会の目的である事項、日時及び場所を記載し、理事長がこれに記名した書面又は電磁的方法で社員に通知しなければならない。

第21条　社員総会の議長は、社員の中から社員総会において選任する。

第22条　次の事項は、社員総会の議決を経なければならない。

　(1)　定款の変更

　(2)　基本財産の設定及び処分（担保提供を含む。）

　(3)　毎事業年度の事業計画の決定又は変更

　(4)　収支予算及び決算の決定又は変更

　(5)　重要な資産の処分

　(6)　借入金額の最高限度の決定

　(7)　社員の入社及び除名

　(8)　本社団の解散

　(9)　他の医療法人との合併若しくは分割に係る契約の締結又は分割計画の決定

2　その他重要な事項についても、社員総会の議決を経ることができる。

第23条　社員総会は、総社員の過半数の出席がなければ、その議事を開き、決議することができない。

2　社員総会の議事は、法令又はこの定款に別段の定めがある場合を除き、出席した社員の議決権の過半数で決し、可否同数のときは、議長の決するところによる。

3　前項の場合において、議長は、社員として議決に加わることができない。

第24条　社員は、社員総会において各1個の議決権及び選挙権を有する。

第25条　社員総会においては、あらかじめ通知のあった事項のほかは議決することができない。ただし、急を要する場合はこの限りではない。

2　社員総会に出席することのできない社員は、あらかじめ通
　　知のあった事項についてのみ書面又は代理人をもって議決権
　　及び選挙権を行使することができる。ただし、代理人は社員
　　でなければならない。
3　代理人は、代理権を証する書面を議長に提出しなければな
　　らない。

第26条　社員総会の議決事項につき特別の利害関係を有する
　　社員は、当該事項につきその議決権を行使できない。

第27条　社員総会の議事については、法令で定めるところに
　　より、議事録を作成する。

第28条　社員総会の議事についての細則は、社員総会で定め
　　る。

第7章　役員

第29条　本社団に、次の役員を置く。
　⑴　理事○名以上○名以内
　　　うち理事長1名
　⑵　監事1名

第30条　理事及び監事は、社員総会の決議によって選任する。
2　理事長は、理事会において、理事の中から選出する。
3　本社団が開設する診療所の管理者は、必ず理事に加えなけ
　　ればならない。
4　前項の理事は、管理者の職を退いたときは、理事の職を失

うものとする。

5 理事又は監事のうち、その定数の5分の1を超える者が欠けたときは、1月以内に補充しなければならない。

第31条 理事長は本社団を代表し、本社団の業務に関する一切の裁判上又は裁判外の行為をする権限を有する。

2 理事長は、本社団の業務を執行し、毎事業年度に4箇月を超える間隔で2回以上、自己の職務の執行の状況を理事会に報告しなければならない。

3 理事長に事故があるときは、理事長があらかじめ定めた順位に従い、理事がその職務を行う。

4 監事は、次の職務を行う。

⑴ 本社団の業務を監査すること。

⑵ 本社団の財産の状況を監査すること。

⑶ 本社団の業務又は財産の状況について、毎会計年度、監査報告書を作成し、当該会計年度終了後3月以内に社員総会及び理事会に提出すること。

⑷ 第1号又は第2号による監査の結果、本社団の業務又は財産に関し不正の行為又は法令若しくはこの定款に違反する重大な事実があることを発見したときは、これを東京都知事、社員総会又は理事会に報告すること。

⑸ 第4号の報告をするために必要があるときは、社員総会を招集すること。

⑹ 理事が社員総会に提出しようとする議案、書類、その他の資料を調査し、法令若しくはこの定款に違反し、又は著しく不当な事項があると認めるときは、その調査の結果を社員総会に報告すること。

5 監事は、本社団の理事又は職員（本社団の開設する診療所

の管理者その他の職員を含む。）を兼ねてはならない。

第32条　役員の任期は２年とする。ただし、再任を妨げない。

2　補欠により就任した役員の任期は、前任者の残任期間とする。

3　役員は、第29条に定める員数が欠けた場合には、任期の満了又は辞任により退任した後も、新たに選任された者が就任するまで、なお役員としての権利義務を有する。

第33条　役員は、社員総会の決議によって解任することができる。

　　ただし、監事の解任の決議は、出席した社員の議決権の３分の２以上の賛成がなければ、決議することができない。

第34条　役員の報酬等は、社員総会の決議によって別に定めるところにより支給する。

第35条　理事は、次に掲げる取引をしようとする場合には、理事会において、その取引について重要な事実を開示し、その承認を受けなければならない。

⑴　自己又は第三者のためにする本社団の事業の部類に属する取引

⑵　自己又は第三者のためにする本社団との取引

⑶　本社団がその理事の債務を保証することその他その理事以外の者との間における本社団とその理事との利益が相反する取引

2　前項の取引をした理事は、その取引後、遅滞なく、その取引についての重要な事実を理事会に報告しなければならな

第1章　定款と登記　39

い。

第36条　本社団は、役員が任務を怠ったことによる損害賠償
　　　責任を、法令に規定する額を限度として、理事会の決議によ
　　　り免除することができる。

2　本社団は、役員との間で、任務を怠ったことによる損害賠
　　　償責任について、当該役員が職務を行うにつき善意でかつ重
　　　大な過失がないときに、損害賠償責任の限定契約を締結する
　　　ことができる。ただし、その責任の限度額は、○万円以上で
　　　本社団があらかじめ定めた額と法令で定める最低責任限度額
　　　とのいずれか高い額とする。

第8章　理事会

第37条　理事会は、すべての理事をもって構成する。

第38条　理事会は、この定款に別に定めるもののほか、次の
　　　職務を行う。
　⑴　本社団の業務執行の決定
　⑵　理事の職務の執行の監督
　⑶　理事長の選出及び解職
　⑷　重要な資産の処分及び譲受けの決定
　⑸　多額の借財の決定
　⑹　重要な役割を担う職員の選任及び解任の決定
　⑺　従たる事務所その他の重要な組織の設置、変更及び廃止
　　　の決定

第39条　理事会は、理事長が招集する。この場合、理事長が

欠けたとき又は理事長に事故があるときは、各理事が理事会を招集する。

2　理事長は、必要があると認めるときは、いつでも理事会を招集することができる。

3　理事会の招集は、期日の１週間前までに、各理事及び各監事に対して理事会を招集する旨の通知を発しなければならない。

4　前項にかかわらず、理事会は、理事及び監事の全員の同意があるときは、招集の手続を経ることなく開催できる。

第40条　理事会の議長は、理事長とする。

第41条　理事会の決議は、法令又はこの定款に別段の定めがある場合を除き、議決事項について特別の利害関係を有する理事を除く理事の過半数が出席し、その過半数をもって行う。

2　前項の規定にかかわらず、理事が理事会の決議の目的である事項について提案した場合において、その提案について特別の利害関係を有する理事を除く理事全員が書面又は電磁的記録により同意の意思表示をしたときは、理事会の決議があったものとみなす。ただし、監事がその提案について異議を述べたときはこの限りでない。

第42条　理事会の議事については、法令で定めるところにより、議事録を作成する。

2　理事会に出席した理事及び監事は、前項の議事録に署名し、又は記名押印する。

第43条　理事会の議事についての細則は、理事会で定める。

第１章　定款と登記　41

第9章　定款の変更

第44条　この定款は、社員総会の議決を経、かつ、東京都知事の認可を得なければ変更することができない。

第10章　解散、合併及び分割

第45条　本社団は、次の事由によって解散する。
(1)　目的たる業務の成功の不能
(2)　社員総会の決議
(3)　社員の欠亡
(4)　他の医療法人との合併
(5)　破産手続開始の決定
(6)　設立認可の取消し
2　本社団は、総社員の4分の3以上の賛成がなければ、前項第2号の社員総会の決議をすることができない。
3　第1項第1号又は第2号の事由により解散する場合は、東京都知事の認可を受けなければならない。

第46条　本社団が解散したときは、合併及び破産手続開始の決定による解散の場合を除き、理事がその清算人となる。ただし、社員総会の議決によって理事以外の者を選任することができる。
2　清算人は、社員の欠亡による事由によって本社団が解散した場合には、東京都知事にその旨を届け出なければならない。
3　清算人は、次の各号に掲げる職務を行い、又、当該職務を行うために必要な一切の行為をすることができる。

- (1) 現務の結了
- (2) 債権の取立て及び債務の弁済
- (3) 残余財産の引渡し

第47条　本社団が解散した場合の残余財産は、合併及び破産手続開始の決定による解散の場合を除き、次の者から選定して帰属させるものとする。
- (1) 国
- (2) 地方公共団体
- (3) 医療法第31条に定める公的医療機関の開設者
- (4) 都道府県医師会又は郡市区医師会（一般社団法人又は一般財団法人に限る。）
- (5) 財団たる医療法人又は社団たる医療法人であって持分の定めのないもの

第48条　本社団は、総社員の同意があるときは、東京都知事の認可を得て、他の社団たる医療法人又は財団たる医療法人と合併することができる。

第49条　本社団は、総社員の同意があるときは、東京都知事の認可を得て、分割することができる。

第11章　雑則

第50条　本社団の公告は、官報に掲載する方法によって行う。

第51条　この定款の施行細則は、理事会及び社員総会の議決を経て定める。

第1章　定款と登記　43

附　　則 ❺

第1条　本社団設立当初の役員は、次のとおりとする。
　　理 事 長　　○○　　○○
　　理　　　事　　○○　　○○
　　　　同　　　　○○　　○○
　　監　　　事　　○○　　○○

第2条　本社団の最初の会計年度は、第14条の規定にかかわらず、設立の日から令和○年○月○日までとする。

第3条　本社団の設立当初の役員の任期は、第32条第1項の規定にかかわらず、令和○年○月○日までとする。

⑵　定款のポイント

　定款のポイントを、例に沿って解説します。
❶第1条……医療法人の名称が記載されています。
❷第2条……主たる事務所の所在地が記載されています。
❸第4条……クリニックの名称と所在地が記載されています。追加や変更があるたびに定款変更が必要になります。
❹第14条……会計年度の記載があります。
❺末尾の附則……設立時の役員の名前が記載されています。設立後に役員変更があっても、定款を変更する必要はなく、役員変更届を出すだけで問題ありません。

44　　PART Ⅲ　定款と登記、組織構成

③ 登記の例とポイント

　謄本（履歴事項全部証明書）は、**PART Ⅱ**でも準備した書類です。

　見つからない場合は、登記情報提供サービスで調べたり、最寄りの法務局で取得なども可能です。

(1) 登記情報の見本

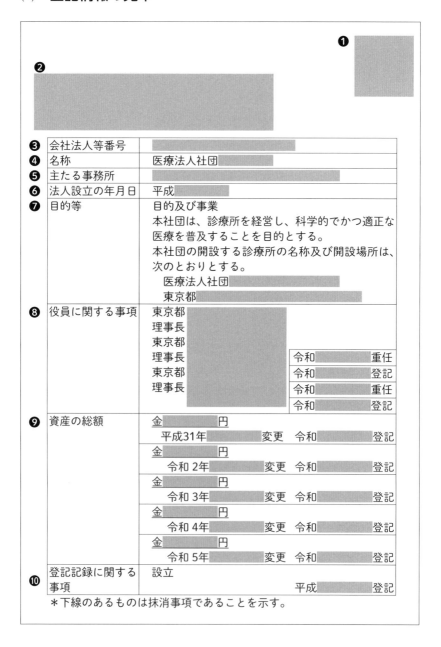

＊下線のあるものは抹消事項であることを示す。

⑵ 登記のポイント

登記のポイントについて、「登記情報の見本」に沿って解説します。

❶ QR コードから、登記情報を読み込めるようになっています。

❷法人名や主たる事務所の所在地の記載があります。

❸会社法人番号……法人等に付与された、13桁の番号が記載されています。

❹名称……医療法人の名称が記載されています。

❺主たる事務所……医療法人の主たる事務所の所在地が記載されています。

❻法人成立の年月日……医療法人の設立年月日（設立登記がなされた日）が記載されています。

❼目的等……医療法人が開設している事業所（診療所や介護事業所など）の具体的な情報（クリニック名やクリニックの所在地など）が記載されます。

❽役員に関する事項……理事長の住所と理事長の名前が記載されています。2年に1回改選が必要なため、改選時の登記も確認できます。なお、医療法人の場合は、理事長のみが登記事項であり、その他の役員の氏名等は、記載されません。

❾資産の総額……医療法人の資産総額が毎年登記されます。ただし、「資産総額」といえども、純資産の総額になります（例えば、資産が5億円、負債が4億円の場合には、資産総額は1億円になります）。また、変更日から、決算月を知ることができます。

❿登記記録に関する事項……設立登記された日が記載されています。設立以外の登記記録の場合もあります。

第1章　定款と登記　47

4　定款と登記の比較

　定款と登記の記載内容を比較してみましょう。

　定款の第１条から第４条の内容が、条文どおりに登記されていることがわかります。

	定　款		登　記
第１条	本社団は、医療法人社団○○会 と称する。	④名称	医療法人社団○○会
第２条	本社団は、事務所を　東京都○○区（市）○○町○丁目○番○号 に置く。	⑤主たる事務所	東京都○○区（市）○○町○丁目○番○号
第３条	本社団は、診療所を経営し、科学的でかつ適正な医療を普及することを目的とする。	⑦目的等	目的及び事業 本社団は、診療所を経営し、科学的でかつ適正な医療を普及することを目的とする。
第４条	本社団の開設する診療所の名称及び開設場所は、次のとおりとする。 医療法人社団 ○○ ○○診療所 東京都○○区（市）○○町○丁目○番○号		本社団の開設する診療所の名称及び開設場所は、次のとおりとする。 医療法人社団 ○○ ○○診療所 東京都○○区（市） ○○町○丁目○番○号

【参考】　医療法第43条、第44条

> **第43条**　医療法人は、政令で定めるところにより、その設立、従たる事務所の新設、事務所の移転、その他登記事項の変更、

解散、合併、分割、清算人の就任又はその変更及び清算の結了の各場合に、登記をしなければならない。

2　前項の規定により登記しなければならない事項は、登記の後でなければ、これをもつて第三者に対抗することはできない。

第44条　医療法人は、その主たる事務所の所在地の都道府県知事（以下この章（第3項及び第66条の3を除く。）において単に「都道府県知事」という。）の認可を受けなければ、これを設立することができない。

2　医療法人を設立しようとする者は、定款又は寄附行為をもつて、少なくとも次に掲げる事項を定めなければならない。

一　目的

二　名称

三　その開設しようとする病院、診療所、介護老人保健施設又は介護医療院（地方自治法第244条の2第3項に規定する指定管理者として管理しようとする公の施設である病院、診療所、介護老人保健施設又は介護医療院を含む。）の名称及び開設場所

四　事務所の所在地

五　資産及び会計に関する規定

六　役員に関する規定

七　理事会に関する規定

八　社団たる医療法人にあつては、社員総会及び社員たる資格の得喪に関する規定

九　財団たる医療法人にあつては、評議員会及び評議員に関する規定

十　解散に関する規定

十一　定款又は寄附行為の変更に関する規定

第1章　定款と登記　49

十二　公告の方法

3　財団たる医療法人を設立しようとする者が、その名称、事務所の所在地又は理事の任免の方法を定めないで死亡したときは、都道府県知事は、利害関係人の請求により又は職権で、これを定めなければならない。

4　医療法人の設立当初の役員は、定款又は寄附行為をもつて定めなければならない。

5　第2項第10号に掲げる事項中に、残余財産の帰属すべき者に関する規定を設ける場合には、その者は、国若しくは地方公共団体又は医療法人その他の医療を提供する者であつて厚生労働省令で定めるもののうちから選定されるようにしなければならない。

6　この節に定めるもののほか、医療法人の設立認可の申請に関して必要な事項は、厚生労働省令で定める。

第2章 定款の確認と医療法人の類型

1 定款の確認

　現在、医療法人の多くは、「経過措置医療法人のうち、一般の持分あり医療法人」または、「新法の医療法人社団で基金制度採用の医療法人」のいずれかです。医療法人の定款がどちらに該当するかを確認してみましょう。

　なお、平成19年4月以降設立された医療法人は、「新法の医療法人社団で基金制度採用の医療法人」がほとんどです。

　医療法人の設立時期から、次の①②のいずれの医療法人であるかを判断することも可能ですが、定款でも、医療法人がどちらの類型であるかを確認しましょう。

　見分け方は、旧法（出資持分あり）の定款では、第9条と第34条（厚生労働省のモデル定款）に該当文言が入っていること、新法（基金制度採用）の定款では、第3章に基金の章があることを確認してください。

　本書では、以降、便宜上、次のように表記します。
① 「経過措置型医療法人のうち、一般の持分あり医療法人」
　→旧法（出資持分あり）の医療法人
② 「新法の医療法人社団で基金制度採用の医療法人」
　→新法（基金制度採用）の医療法人

> ① 「旧法（出資持分あり）の医療法人」の定款（厚生労働省の
>   モデル定款）
> 第9条　社員資格を喪失した者は、その出資額に応じて払戻し
>   を請求することができる。
> 第34条　本社団が解散した場合の残余財産は、払込済出資額
>   に応じて分配するものとする。

> ② 「新法（基金制度採用）の医療法人」の定款
> 第3章　基金

　それでは、それぞれの定款の条文について詳しく解説します。

(1) 「①旧法（出資持分あり）の医療法人」の定款

> 　　　　　　　　第3章　社員
> 第9条　社員資格を喪失した者は、その出資額に応じて払戻し
>   を請求することができる。
> （中略）
> 　　　　　　　　第8章　解散及び合併
> 第34条　本社団が解散した場合の残余財産は、払込済出資額
>   に応じて分配するものとする。

　旧法の医療法人かどうかを確認する場合には、定款の第3章（社
員）の第9条と、第8章（解散及び合併）の第34条を確認します（定
款によって、章と条文の番号は前後します）。
　第9条には「社員資格を喪失した者は、その出資額に応じて払戻
しを請求することができる」という記載があります。これは「持分

52　　PART Ⅲ　定款と登記、組織構成

あり」という意味になるので、この文言が入っている場合には、旧法の医療法人になります。

第34条には「解散時に払込済出資額に応じて分配する」という記載があります。これも「持分あり」という意味になるので、この文言が入っている場合には、旧法の医療法人になります。

ごくまれに、旧法の医療法人であるにもかかわらず、第9条と第34条の記載がない場合があります。このようなケースは非常にイレギュラーですが、万が一、そういった定款であることに気づいた場合は状況の確認が必要なので、専門家に相談することをお勧めします。

⑵ 「②新法（基金制度採用）の医療法人」の定款

第3章　基金
第5条　本社団は、その財政的基盤の維持を図るため、基金を
　　引き受ける者の募集をすることができる。

第9条　基金の返還をする場合には、返還をする基金に相当す
　　る金額を代替基金として計上しなければならない。
　2　前項の代替基金は、取り崩すことができない。

第3章に、「基金」という章があります。この場合は、新法の医療法人は基金拠出型医療法人であり、基金を拠出して設立された医療法人です。ほとんどが、平成19年4月以降に設立された医療法人です。

2 医療法人の類型

　前述のとおり、現在、医療法人の多くは、「経過措置型医療法人のうち、一般の持分あり医療法人」または、「新法の医療法人社団で基金制度採用の医療法人」のいずれかです。

　なお、平成19年4月以降設立された医療法人は、「新法の医療法人社団で基金制度採用の医療法人」がほとんどです。

　現在の医療法人の類型の全体像は、図のとおりです。ご自身の医療法人がどの類型に該当するか、この全体像の中でも確認しておきましょう。

① 「経過措置型医療法人のうち、一般の持分あり医療法人」（旧法（出資持分あり）の医療法人）

② 「新法の医療法人社団で基金制度採用の医療法人」（新法（基金制度採用）の医療法人）

■ 図 医療法人の類型

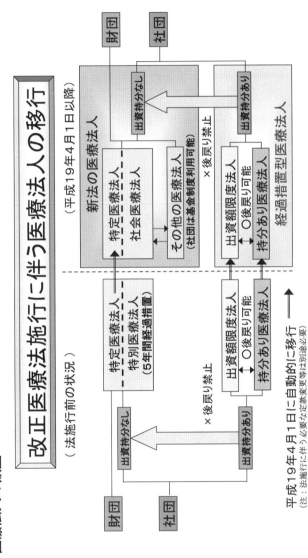

出典：厚生労働省「医療法人・医業経営のホームページ」より

第2章　定款の確認と医療法人の類型　55

第3章 医療法人の組織構成

　まず、PART Ⅱで整理した「設立時認可書」「謄本」「役員変更届」「議事録」等を参考に、医療法人の現在の組織構成を確認してみましょう。

■ 医療法人の組織構成（社員と役員）

氏　名	役　職	社　員 ＊○をつける
	理事長	
	理事	
	理事	
	理事	
	理事	
	監事	

1　役員と社員

(1) 役　員

・医療法人には、役員として、理事3人以上及び監事1人以上を置かなければなりません。また、理事の中から理事長を1名選出す

る必要があります（常務理事を選出することも可能ですが、必ずしも置かなくて構いません）。

・理事会は、理事によって構成されます。

⑵　社員（医療法人社団の場合）

・医療法人社団は、複数の人が集まり組織された団体で、その構成員を社員といいます。ここでいう「社員」は、いわゆる従業員のことではありません。

・社員は、社員総会という合議体の一員なので、原則として３人以上必要です。

・社員総会は社員によって構成されます。

【参考】医療法第46条の２第１項、第46条の３第１項

第46条の２　社団たる医療法人は、社員総会、理事、理事会及び監事を置かなければならない。

第46条の３　社員総会は、この法律に規定する事項及び定款で定めた事項について決議をすることができる。

② 株式会社との比較

医療法人の組織構成は株式会社と類似点が多くあります。この類似点を比較してみると医療法人の組織構成も理解しやすくなります。ただし、大きく異なる点が１点だけあります。それは、最高意思決定機関（株主総会と社員総会）での議決権の割合です。

・株式会社の議決権割合：出資比率に比例

・医療法人の議決権割合：１人１票

第３章　医療法人の組織構成　　57

例えば、理事長が100％出資（拠出）していても議決権割合とは関係ありません。

社員が4名いれば、議決権は1人あたり25％であり、理事長の議決権割合も25％です（100％÷4＝25％）。

医療法人における社員の役割を認識していないと、最悪の場合、乗っ取られる場合もあるので、非常に注意が必要です。

■株式会社と医療法人の比較①

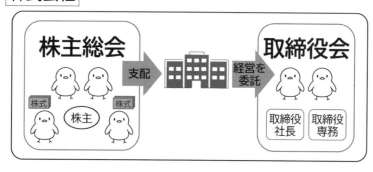

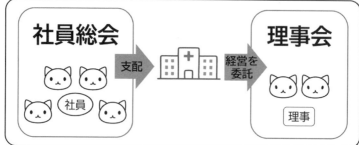

■株式会社と医療法人の比較②

	出資している者	最高意思決定機関	最高意思決定機関での議決権	執行機関	代表役員	役　員	
株式会社	株主	株主総会	出資比率	取締役会	代表取締役	取締役	監査役
社団医療法人	社員	社員総会	1人1票	理事会	理事長	理事	監事

③　注意点

　「社員は社員総会で1人1票の議決権がある」ということを理解していないためか、役員全員を自動的に社員にしている医療法人が多く見受けられます。特に、分院展開している医療法人で、分院の管理者を理事に選任する際に、この管理者を社員にしてしまうケースが後を絶ちません。社員構成について、一度見直すことをお勧めします。

PART IV

よくある日常業務

第1章 医療法人の日常業務

　医療法人の場合、個人クリニックと異なり、日常的に様々な行政手続きが必要になります。

　本書では、便宜上、これらの日常業務を、定期的に発生する業務（毎年や隔年）を定時業務、それ以外の臨時で発生する業務を臨時業務に分けて解説していきます。

1　定時業務

---

① 決算届（事業報告）　　毎年
　経営情報の報告　　　　毎年
② 役員変更届（改選）　　２年ごと
　＊全員重任の場合（役員に変更がない場合）も原則必要です。
③ 登記
　＊司法書士に依頼することをおすすめします。
　　資産総額変更登記　　毎年
　　理事長登記　　　　　２年ごと
④ 登記届　　　　　　　　毎年

　手続きの流れは66頁の図１のとおりです。登記届は、登記が完

了してから提出します。

　都道府県等への届出は、まとめて提出しても構いません。

　なお、医療法の改正により、医療法人に関する情報の調査及び分析等を行うための新たな制度が令和5年8月1日から施行されました。これに伴い、令和5年8月以降に決算期を迎えるすべての医療法人について、診療所ごとの経営情報等を都道府県に報告することが義務化されました。（例：東京都のホームページ。https://www.hokeniryo.metro.tokyo.lg.jp/iryo/hojin/e030300020230907180501952.html）

　事業報告書の届出と併せて、郵送等により提出する方法も可能なので、各都道府県等のホームページにて確認してください。

2　臨時業務

定時業務以外に、次のような場合にも手続きが必要です。

```
①　任期途中で、役員の変更がある場合
　・理事・監事変更の場合
　・理事長交代の場合
②　管理者（院長先生）が交代する場合
　・役員変更届（都道府県等）
　・管理者変更届（保健所）
　・管理者変更届（厚生局）
```

　管理者交代手続きの流れは66頁の**図2**のとおりです。原則、それぞれ同時並行で提出して構いません。

　次頁の**表**は、医療法人の日常業務の手続きをまとめたものです。

■ 表　日常業務一覧（定時・臨時）

① 手続き名			決算届 経営情報の 報告	役員変更届
② 提出先			都道府県等	都道府県等
③ 提出時期			毎会計年度終了後 3 月以内	遅滞なく提出 （おおむね 1 月以内）
④ 定時業務	役員改選ではない年		○	
	役員改選の年		○	○
⑤ 臨時業務	役員交代手続き （任期途中）	理事・監事 交代		○
		理事長交代		○
	管理者交代手続き			○

　表の上の行から順番に解説します。

「①手続き名」の行

　手続き名が記載してあります。決算届、経営情報の報告、役員変更届、登記申請、登記届、保健所に提出する管理者変更届、厚生局に提出する管理者変更届です。

「②提出先」の行

　それぞれの手続きの提出先が記載してあります。決算届、経営情報の報告、役員変更届、登記届は都道府県等、登記申請は法務局への手続きです。管理者変更届は保健所と厚生局への手続きです。

「③提出時期」の行

　それぞれの手続きの提出期限が記載してあります。日常業務の提出時期は事後で問題ありません。提出期限はありますが、準備に時間がかかり遅れたとしてもやむを得ないので、必ず提出するようにしましょう。

64　　PARTIV　よくある日常業務

登記申請	登記届	管理者変更届 （診療所開設届出事項変更届）	管理者変更届 （保険医療機関届出事項変更届）
法務局	都道府県等	保健所	厚生局
資産総額変更→毎会計年度終了後3月以内 理事長変更→変更後2週間以内	遅滞なく提出（おおむね1月以内）	変更後10日以内	速やかに（おおむね2週間以内）
○	○		
○	○		
○	○		
		○	○

「④定時業務」の2行

　次の場合の手続きをまとめてあります。

- 役員改選ではない年
- 役員改選の年

「⑤臨時業務」の3行

　次の場合の手続きをまとめてあります。

- 任期途中の役員交代手続き（理事・監事交代）
- 任期途中の役員交代手続き（理事長交代）
- 管理者交代手続き

■ 図1　定時業務（決算・役員改選）：標準的フローチャート

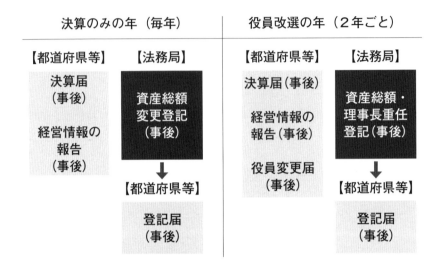

■ 図2　管理者変更手続き：標準的フローチャート

次章では、これらの日常業務の進め方の手順を解説します。

第2章 日常業務の進め方の手順

　いずれの場合も、**「第1章　医療法人の日常業務」**で必要な手続きを十分確認後に着手してください。

1 定時業務の進め方

　準備する資料は、下記のとおりです。
- PART Ⅱで揃えた過去の手続き資料
- 今回の手続き用資料
　　決算のみの年　　決算報告書等（会計事務所から取り寄せます）
　　改選もある年　　①決算報告書等（会計事務所から取り寄せます）
　　　　　　　　　　②役員に変更がある場合は、新役員の資料

(1) 役員改選ではない年

① 確定申告が終わり次第、会計事務所から決算報告書等資料を取り寄せる（3月決算の医療法人であれば、5月末以降）。
② 役所のホームページや電話で、提出先、様式、必要書類等を確認する。
③ 上記②で調べた様式に従い、手続き書類を作成する。
④ 押印が必要な書類に押印してもらう。
⑤ 役所に必要部数を郵送し、控えの返送を待つ。
⑥ 手続きが完了したら、控え等を整理する。

⑵ 役員改選の年

① 確定申告が終了次第、会計事務所から決算報告書等資料を取り寄せる（3月決算の医療法人であれば、5月末以降）。
② 役員に変更がある場合は、変更内容を確認する（新旧役員の氏名等）。
③ 役所のホームページや電話で、提出先、様式、必要書類を確認する。
④ 新役員が就任する場合は、新役員の必要書類（印鑑証明書の原本、履歴書など）を手配する。
⑤ 上記③で調べた様式に従い、手続き書類を作成する。
⑥ 押印が必要な書類に押印してもらう。
⑦ 役所に必要部数を郵送し、控えの返送を待つ。
⑧ 手続きが完了したら、控え等を整理する。

② 臨時業務の進め方

　医療法人の場合、役員の任期は2年と決まっていますが、任期途中に交代があれば、臨時で役員変更の手続きが必要になります。理事・監事交代の場合には役員変更届のみで問題ないのですが、理事長交代の場合は登記申請と登記届が追加で必要になります。

　また、管理者交代（院長交代）手続きを忘れているケースがかなり見受けられます。管理者交代の手続きもそのつどきちんとしておきましょう。個別指導などに影響がある場合もあります。これらの医療法人として必要な手続きを適切に実施しているかを確認し、未対応の手続きがある場合は、これを機に済ませておきましょう。

⑴ 任期途中で、役員の変更がある場合

■理事・監事変更（任期途中）の場合
① 役員変更（任期途中）が決まり次第、変更内容を確認する（新旧役員の氏名、変更日、変更理由等）。
② 役所のホームページや電話で、提出先、様式・必要書類を確認する。
③ 必要書類（新役員の印鑑証明書の原本、履歴書など）の手配をする。
④ 上記②で調べた様式どおりに、手続き書類を作成する。
⑤ 押印が必要な書類に押印してもらう。
⑥ 役所に必要部数を郵送し、控えの返送を待つ。
⑦ 手続きが完了したら、控え等を整理する。

■理事長交代（任期途中）の場合
① 理事長交代（任期途中）が決まり次第、変更内容を確認する（新旧理事長の氏名、変更日、変更理由、旧理事長が理事に残るかどうか等）。
② 役所のホームページや電話で、提出先、様式・必要書類を確認する。
③ 必要書類（新理事長の印鑑証明書の原本2通、履歴書、医師免許証の写しなど）の手配をする。印鑑証明書については、登記用にも必要なので、2通依頼しましょう。
　あとは、上記「理事・監事変更の場合」の④〜⑦と同様です。

⑵ 管理者（院長）が交代する場合

　医療法人は、その開設するすべての診療所の管理者を理事に加えなければなりません。
　つまり、医療法人が開設するクリニックの院長は、理事に就任す

る必要があります。

　よって、医療法人の理事でない方が管理者になる場合には、保健所や厚生局への管理者交代手続きの他に、都道府県等への役員変更届の提出が必要になります（現理事が管理者になる場合は、役員変更届の提出は不要です）。

【参考】医療法第46条の５第６項

> 　医療法人は、その開設する全ての病院、診療所、介護老人保健施設又は介護医療院（指定管理者として管理する病院等を含む。）の管理者を理事に加えなければならない。（ただし書略）

① 管理者交代が決まり次第、変更内容を確認する（新管理者の氏名、変更日、変更理由等）。
② 役所のホームページや電話で、提出先、様式・必要書類を確認する。
③ 必要書類（印鑑証明書の原本、履歴書等、医師免許証の写し、臨床研修修了登録証の写し（H16.4.1以降登録の医師、H18.4.1以降登録の歯科医師のみ）、保険医登録票の写しなど）の手配をする。
④ 上記②で調べた様式どおりに、手続き書類を作成する。
⑤ 押印が必要な書類に押印してもらう。
⑥ 役所に必要部数を郵送し、控えの返送を待つ。ただし、保健所については、窓口に免許証の原本を持参して手続きをする場合が多いです。
⑦ 手続きが完了したら、控え等を整理する。

第3章 日常業務の手続き書類の作成方法

　ここでは医療法人の日常業務を、定時業務と臨時業務に分類し、一般的な手続き書類の作成方法を説明します。提出書類等は各役所によって異なるので、各役所のホームページ等で確認してください。登記申請に関しては、司法書士に依頼することをお勧めします。

　なお、役員変更届と登記届については、複数の項目で共通の様式や記載例があるため、**第4章**（94頁～111頁）でまとめて掲げています。

【日常業務一覧（定時・臨時）】

手続き名		決算届 経営情報の報告	役員変更届	登記申請	登記届	管理者変更届（診療所開設届出事項変更届）	管理者変更届（保険医療機関届出事項変更届）
提出先		都道府県等	都道府県等	法務局	都道府県等	保健所	厚生局
定時	役員改選ではない年	○		○	○		
	役員改選の年	○	○	○	○		
臨時	役員交代手続き（任期途中） 理事・監事交代		○				
	理事長交代		○	○	○		
	管理者交代手続き		○			○	○

1 定時業務

医療法人では毎年、下記の定時業務を行う必要があります。

【定時業務一覧】

手続き名	(1) 事業報告 (決算届) ※経営情報の報告	(2) 役員 変更届	(3) 登記申請	(4) 登記届
提出先	都道府県等	都道府県等	法務局	都道府県等
提出時期	毎会計年度終了後3月以内	遅滞なく提出（おおむね1月以内）	資産総額変更→毎会計年度終了後3月以内 ‥‥‥ 理事長変更→変更後2週間以内	遅滞なく提出（おおむね1月以内）
役員改選ではない年	○		○	○
役員改選の年	○	○	○	○

※経営情報の報告の作成方法については、各都道府県等のホームページにて確認してください。

(1) 決算届（事業報告）

具体的な提出書類について、東京都の例に沿って解説します。

※自治体によって、手続き名が異なります。

※毎年（医療法第51条・第52条）

■事業報告書等の様式・記載例（東京都のHPより）■

① 事業報告書等届出書

■ 事業報告書等届出書

❶ 医療法人（整理）番号 ＿＿＿＿＿＿＿＿＿
　　　　　　　　　　年　　月　　日

東京都知事　殿

　　　　　　　　主たる事務所
　　　　　　　　の所在地
　❷ 届出者　　名　　　称
　　　　　　　　理事長氏名
　　　　　　　　電話番号　　（　　）

事業報告書等届出書

❸　　年　月　日から　　年　月　日までの決算を終了したので、医療法第52条第1項の規定により、下記の書類を届け出ます。

記

1　事業報告書
2　財産目録
3　貸借対照表
4　損益計算書
5　関係事業者との取引の状況に関する報告書
6　監事の監査報告書

（注意）
1　社会医療法人の場合、次の書類を添付すること。
　　法第42条の2第1項第1号から第6号までの要件に該当する旨を説明する書類
2　社会医療法人債を発行した医療法人の場合、次の書類を添付すること。
　　純資産変動計算書、キャッシュ・フロー計算書、附属明細表及び公認会計士又は監査法人の監査報告書
3　貸借対照表及び損益計算書は法人全体分を提出すること。
4　関係事業者との取引の状況に関する報告書は、該当する取引がない場合も添付すること。
5　提出は、毎会計年度終了後3月以内に行うこと。

（注）1　提出部数：2部（うち1部は写し）+ 控 必要部数
　　　2　法人の代表印は押印不要です。

第3章　日常業務の手続き書類の作成方法　73

❶右上に、東京都の医療法人に付与されている医療法人（整理）番頭を記載します。

❷届出者の欄には、医療法人の情報を記載します。

❸「　年　月　日から　年　月　日までの決算を終了したので、」の部分には、事業年度の始期と終期を記載します。

② **事業報告書（抜粋）**

・該当しない項目や記載不要の項目は項目ごと削除して構いません。

・下記の記載例では、一般的には不要な項目を削除してあります。

■ **事業報告書**

事　業　報　告　書

（自　令和○○年○○月○○日　至　令和○○年○○月○○日）

1　医療法人の概要
　(1)名　称　　医療法人○○会
　　　　　　①□ 財団
　　　　　　　□ 社団（□ 出資持分なし　□ 出資持分あり ）
　　　　　　②□ 社会医療法人　□ 特定医療法人
　　　　　　　□ 出資額限度法人
　　　　　　　□ その他
　　　　　　③□ 基金制度採用　□基金制度不採用
　　　　　注）①から③のそれぞれの項目（③は社団のみ。）
　　　　　　　について、該当する欄の□を塗りつぶすこ
　　　　　　　と。（会計年度内に変更があった場合は変
　　　　　　　更後。）
　(2)事務所の所在地　　○○県○○郡（市）○○町（村）○○番地
　　　　　　　　　　　　注）複数の事務所を有する場合は、
　　　　　　　　　　　　　　主たる事務所と従たる事務所を
　　　　　　　　　　　　　　記載すること。
　(3)設立認可年月日　　昭和・平成・令和○○年○○月○○日

74　PART Ⅳ　よくある日常業務

(4)設立登記年月日　　昭和・平成・令和○○年○○月○○日

2　事業の概要
(1)本来業務（開設する病院、診療所、介護老人保健施設又は
　　介護医療院（医療法第42条の指定管理者として管理する病
　　院等を含む。）の業務）

種　類	施設の名称	施設の医療機関コード又は介護事業所番号	開設場所	許可病床数
診療所	○○診療所	○○○○○○○○○○	○○県○○郡(市)○○町(村)○○番地	なし

(2)附帯業務（医療法人が行う医療法第42条各号に掲げる業務）

種類又は事業名	実施場所	備　考
訪問看護ステーション○○	○○県○○郡（市）○○町（村）○○番地	

(3)当該会計年度内に社員総会で議決又は同意した事項
　　　令和○○年○○月○○日　令和○○年度決算の決定
　　　令和○○年○○月○○日　定款の変更
　　　令和○○年○○月○○日　社員の入社及び除名
　　　令和○○年○○月○○日　理事、監事の選任、辞任の承認
　　　令和○○年○○月○○日　令和○○年度の事業計画及び収
　　　　　　　　　　　　　　　支予算の決定
　　　　　　　〃　　　　　　令和○○年度の借入金額の最高
　　　　　　　　　　　　　　　限度額の決定

　上記の「1　医療法人の概要」の記載方法は、医療法人の類型に
よって異なります。

㋐　旧法（出資持分あり）の医療法人

```
1　医療法人の概要
 (1)名　　称　医療法人社団　○○○
        ①□財団
          ■社団（□出資持分なし　■出資持分あり　）
        ②□社会医療法人　□特別医療法人
          □特定医療法人　□出資額限度法人　■その他
        ③□基金制度採用　■基金制度不採用
```

㋑　新法（基金制度採用）の医療法人

```
1　医療法人の概要
 (1)名　　称　医療法人社団　○○○
        ①□財団
          ■社団（■出資持分なし　□出資持分あり　）
        ②□社会医療法人　□特別医療法人
          □特定医療法人　□出資額限度法人　■その他
        ③■基金制度採用　□基金制度不採用
```

　なお、都道府県等のオリジナルの様式にある項目「(5)　役員及び評議員」については、「社会医療法人、特定医療法人及び医療法第42条の3第1項の認定を受けた医療法人以外の医療法人は記載しなくてもよい」とされています。つまり、特別な医療法人のみが記載対象になります。不必要に記載してしまうと、書面内の各種項目を不必要に閲覧されてしまうことがあるので注意が必要です。

③　**財産目録**

・決算報告書の貸借対照表をもとに作成します。
・後述の「④　貸借対照表」の数字と整合性がとれている必要があります。

■ 財産目録

様式2

法人名 _____　医療法人(整理)番号 □□□□□
所在地 _____

財産目録
（令和　　年　　月　　日現在）

1. 資　産　額　　　×××　千円
2. 負　債　額　　　×××　千円
3. 純資産額　　　×××　千円

（内　　訳）　　　　　　　　　　　　　　　　　　　　　　　（単位：千円）

区　　　　　　分	金　　額
A　流　動　資　産	×××
B　固　定　資　産	×××
C　資　産　合　計　　　　　　（A＋B）	×××
D　負　債　合　計	×××
E　純　　資　　産　　　　　　（C－D）	×××

（注）財産目録の価額は、貸借対照表の価額と一致すること。

土地及び建物について、該当する欄の□を塗りつぶすこと。
　　土　　　　地（□ 法人所有　□ 賃貸　□ 部分的に法人所有（部分的に賃借）
　　建　　　　物（□ 法人所有　□ 賃貸　□ 部分的に法人所有（部分的に賃借）

④　貸借対照表

- 決算報告書の貸借対照表をもとに作成します。
- 医療法人の類型に合った様式で作成しましょう。

第3章　日常業務の手続き書類の作成方法　　77

■ 貸借対照表

様式3－2

法人名　_____　　医療法人(整理)番号 □□□□□
所在地　_____

貸借対照表
（令和　　年　　月　　日現在）

（単位：千円）

資 産 の 部		負 債 の 部	
科　　　目	金　額	科　　　目	金　額
Ⅰ 流 動 資 産	×× ×	Ⅰ 流 動 負 債	×× ×
Ⅱ 固 定 資 産	×× ×	Ⅱ 固 定 負 債	×× ×
1 有 形 固 定 資 産	×× ×	（うち医療機関債）	(×× ×)
2 無 形 固 定 資 産	×× ×	負 債 合 計	×× ×
3 そ の 他 の 資 産	×× ×	純 資 産 の 部	
（うち保有医療機関債）	(×× ×)	科　　　目	金　額
		Ⅰ 基　　　　　金	×× ×
		Ⅱ 積　　立　　金	×× ×
		（うち代替基金）	(×× ×)
		Ⅲ 評価・換算差額等	×× ×
		純 資 産 合 計	×× ×
資 産 合 計	×× ×	負債・純資産合計	×× ×

（注）経過措置医療法人は、純資産の部の基金の科目の代わりに出資金とするとともに、代替
　　　基金の科目を削除すること。

⑤　損益計算書

• 決算報告書の損益計算書をもとに作成します。

■ 損益計算書

様式4－2

法人名 _____

所在地 _____

医療法人(整理)番号 □□□□□

損 益 計 算 書

（自 令和 　年 　月 　日 至 令和 　年 　月 　日）

（単位：千円）

科　　　目	金　　額
Ⅰ　事　業　損　益	
A　本来業務事業損益	
1　事　業　収　益	
2　事　業　費　用	
本来業務事業利益	
B　附帯業務事業損益	
1　事　業　収　益	
2　事　業　費　用	
附帯業務事業利益	
事　業　利　益	
Ⅱ　事　業　外　収　益	
Ⅲ　事　業　外　費　用	
経　常　利　益	
Ⅳ　特　別　利　益	
Ⅴ　特　別　損　失	
税　引　前　当　期　純　利　益	
法　　人　　税　　等	
当　　期　　純　　利　　益	

（注）1．利益がマイナスとなる場合には、「利益」を「損失」と表示すること。
　　　2．表中の科目について、不要な科目は削除しても差し支えないこと。

⑥　関係事業者との取引の状況に関する報告書（医療法第46条の8第3号）

- 当該会計年度において、関係事業者と一定の取引がある場合には、報告する必要があります。
- どのような場合に報告する必要があるかについては、各都道府県のホームページ等で確認しましょう。
- 会計事務所にも相談し、作成しましょう。

関係事業者との取引の状況に関する報告書（記載例・東京都）

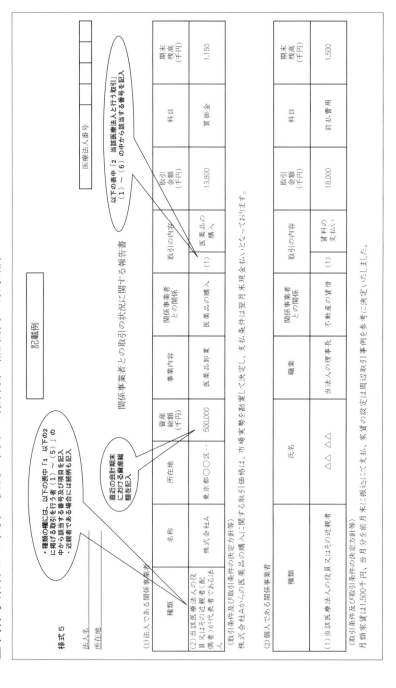

⑦ 監事の監査報告書

・記載例に倣って、作成します。

■ 監事監査報告書（記載例・東京都）

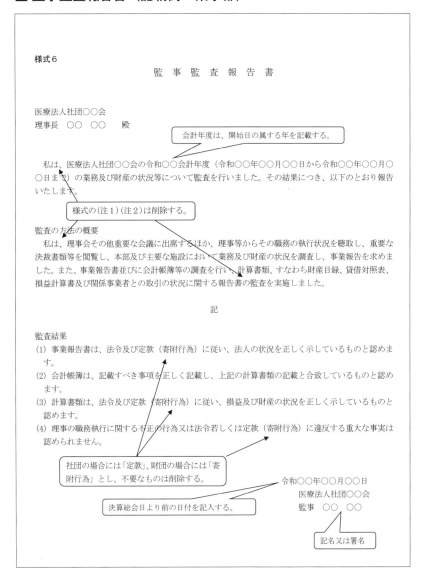

⑵　役員変更届（２年ごとの改選）

　２年ごとの役員改選時の手続きについて、解説します。

　任期がずれている役員がいる場合には、改選時に、役員全員の任期を揃えることをお勧めします。

　役員の改選時に役員が入れ替わる場合には、新しい役員の履歴書、役員就任承諾書、印鑑証明書が必要になることがほとんどです。履歴書、役員就任承諾書は各都道府県等の様式があるので、それを使用して作成ください。

①　役員の任期の確認方法

- 設立時役員の任期

　　定款末尾の附則で確認可能です。ただし、設立後、定款変更の際、削除されている場合もあります。

- 理事長の任期

　医療法人の謄本でも確認可能です。

- 理事長以外の役員の任期

　　通常、理事長の任期と一緒です。過去の議事録などでも確認しましょう。管理者は、少なくとも管理者就任日には理事に就任していることを確認しましょう。

②　手続き方法

　具体的な書類の作成方法は、「**第4章　役員変更届及び登記事項届の様式・記載例**」で解説しています。

㋐　全員重任の場合

　任期満了に伴う重任の場合も、原則、役員変更届を提出する必要があります。

【提出書類】

- 役員変更届（表紙）
- 定時社員総会議事録
- 理事会議事録

㈡ **役員に変更がある場合**

【提出書類】

- 役員変更届（表紙）
- 定時社員総会議事録
- 理事会議事録
- 新役員関連書類

    ※都道府県等によって異なります。以下は東京都の例です。

    印鑑登録証明書（原本）、就任承諾書、履歴書（実印で押印）、

    （歯科）医師免許証（理事長交代の場合）

⑶　登記申請

登記申請については、下記をご参照ください（法務局のＨＰ）。

- 手続き方法：商業・法人登記申請手続き（医療法人）

  https://houmukyoku.moj.go.jp/homu/COMMERCE_11-1.html#6-11

- 問合せ先：管轄のご案内

  https://houmukyoku.moj.go.jp/homu/static/kankatsu_index.html

⑷　登記届

登記届は、登記が終わった後にその報告を都道府県等へ行うためのものです。所定の様式に記載し、登記完了した謄本を添付します。

具体的な書類の作成方法は、「**第4章　役員変更届及び登記事項届の様式・記載例**」で解説しています。

【提出書類】

- 登記届（表紙）
- 履歴事項全部証明書（原本）

2 臨時業務

【臨時業務一覧】

手続き名	役員変更届	登記申請	登記届	管理者変更届（診療所開設届出事項変更届）	管理者変更届（保険医療機関届出事項変更届）
提出先	都道府県等	法務局	都道府県等	保健所	厚生局
提出時期	遅滞なく提出（おおむね1月以内）	変更後2週間以内	遅滞なく提出（おおむね1月以内）	変更後10日以内	速やかに（おおむね2週間以内）
役員交代手続き（任期途中） 理事・監事交代	○				
理事長交代	○	○	○		
管理者交代手続き	○			○	○

(1) 管理者交代以外の役員変更手続き（任期途中）

　具体的な書類の作成方法は、「**第4章　役員変更届及び登記事項届の様式・記載例**」で解説しています。

　理事の人数は、変更後も定款で定める理事定数の範囲内でなければなりません。理事の辞任により、理事定数の下限より少なくなったり、新理事就任により、理事定数の上限を超えたりしないよう、注意しましょう。

① 理事・監事交代の場合

(ア) 役員変更届

【提出書類】

・役員変更届（表紙）

・臨時社員総会議事録

- 新役員関連書類

  印鑑証明（原本）、就任承諾書・履歴書（通常、実印で押印）
- 旧役員辞任届

  実印で押印が必要な場合もあります。早めに手配しましょう。

② 理事長交代の場合

㋐ 役員変更届

【提出書類】

- 役員変更届（表紙）
- 臨時社員総会議事録

  現理事が理事長に就任する場合は不要です。
- 理事会議事録
- 新理事長関連書類

  印鑑証明（原本）、就任承諾書・履歴書（通常、実印で押印）、
  （歯科）医師免許証
- 旧理事長辞任届

  実印で押印が必要な場合もあります。早めに手配しましょう。

㋑ 登記申請

登記申請については、下記をご参照ください（法務局のＨＰ）。

- 手続き方法：商業・法人登記申請手続き（医療法人）

  https://houmukyoku.moj.go.jp/homu/COMMERCE_11-1.html
  #6-11
- 問合せ先：管轄のご案内

  https://houmukyoku.moj.go.jp/homu/static/kankatsu_index.
  html

㋒ 登記届

登記届は、登記が終わった後にその報告を都道府県等へ行うためのものです。医療法人の登記事項の届出は、所定の様式に記載し、登記完了した謄本を添付します。

具体的な書類の作成方法は、「**第4章　役員変更届及び登記事項**

届の様式・記載例」で解説しています。

【提出書類】

• 登記届（表紙）

• 履歴事項全部証明書（原本）

⑵　管理者交代手続き

　医療法人が開設している診療所の管理者（院長）が交代した場合は、通常、下記の手続きが必要になります。これらの手続きは、同時並行で進めても構いません。

① 役員変更届（都道府県等）

② 診療所開設届出事項変更届（保健所）（医療法第7条）

③ 保険医療機関届出事項変更届（厚生局）（保険医療機関等省令第8条）

　なお、上記の他、例えば、麻薬の手続きなども必要です。そのクリニックの各種手続きの状況を確認し、抜けがないように注意しましょう。

■ 管理者交代手続き：標準的フローチャート

【都道府県等】	【保健所】	【厚生局】
役員変更届 （事後）	診療所変更届 （事後）	保険医療機関変更届 （事後）

　管理者が交代したにもかかわらず、必要な手続きを行っていない医療法人が非常に多いです。これを機に見直しましょう。
　なお、下記に注意が必要です。
- ２カ所以上の診療所での兼務管理は原則禁止です（医療法第12条第２項）。
- 管理者は理事に就任しなければなりません（医療法第46条の５第６項）。

　以下、それぞれの手続きについて解説します。

① **役員変更届（都道府県等）**
　通常、臨時での選任になるので、「管理者交代以外の役員変更手続き（任期途中）」と同様の役員変更届を提出します。
　新しい管理者が、すでに医療法人の理事であるなど、理事の構成に変更がない場合は不要です。
　なお、新管理者の選任を改選時に行う場合は、２年ごとの定時業務と同様の役員変更届を提出します。
　役員変更届は、印鑑証明の提出や実印の押印が必要な都道府県等もあり、これを理由に管理者就任を躊躇される医師も多く、手続きに苦労することもあります。
　また、辞任届の押印が必要な場合もあります。管理者交代前に前任の管理者から辞任届をもらっておくと後の処理が楽になります。辞任届が入手できない場合には、代わりの書面として保健所の管

者変更届の控えを提出することで認められる場合もあります。

【提出書類】

具体的な書類の作成方法は、「**第4章　役員変更届及び登記事項届の様式・記載例**」で解説しています。

- 役員変更届（表紙）
- 臨時社員総会議事録
- 新役員関連書類
  印鑑証明（原本）、就任承諾書・履歴書（通常、実印で押印）
- 旧役員辞任届
  実印での押印が必要な場合もあります。早めに手配しましょう。

② **診療所開設届出事項変更届（保健所）（医療法第7条）**

保健所には、管理者の変更届を提出する必要があります。

保健所によっては、エックス線の変更届が必要な場合もあります。

診療所開設届出事項変更届で提出するものは、一般的に以下のとおりです。

㋐ 診療所開設届出事項変更届（表紙）

㋑ （歯科）医師免許証の写し
　ほとんどの場合、原本提示が必要です。

㋒ 臨床研修修了登録証（厚生労働省発行）の写し
　ほとんどの場合、原本提示が必要です。

㋓ 職歴書（履歴書）

㋔ 医療法人の理事になっていることが確認できる書類（議事録等）

次頁では、それぞれについて、大田区保健所の様式例に沿って解説します。

㈦ 診療所開設届出事項変更届（表紙）（大田区保健所のＨＰより）

第11号様式（第7条関係）

令和　　年　月　　日

（宛先）　大田区保健所長　様

❶　開設者

住所

氏名

電話番号
ファクシミリ番号

法人にあっては、名称、主たる
事務所の所在地及び代表者の氏名

診療所（歯科診療所、助産所）開設許可（届出）事項一部変更届

開設許可（届出）事項を変更したので、下記のとおり届け出ます。

記

❷	1　名　　　　　　　　称	
❸	2　開　設　の　場　所	大田区 電話番号　　　　　　　　　ファクシミリ番号
❹	3　開設許可（届出）年月日及び番号	年　月　日　　　　　　　第　　　号
❺	4　変　更　し　た　理　由	
❻	5　変　更　年　月　日	令和　　年　月　　日
	6　変更した事項	変　更　事　項　❼
		変　　更　　前　❽
		変　　更　　後　❾

添付書類

保健所
確認欄

1　管理者交代の場合は、免許証の写し、臨床研修修了登録証の写し及び職歴書

2　病室の定床数が減少する場合は、変更前と変更後の平面図（縮尺1／200以上）

3　麻酔科を標榜する場合は、標榜許可書の写し

（注1）　管理者交代の場合は、免許証及び臨床研修修了登録証の本証を提示すること。この場合において、開設者が医療法人のときは、新管理者が理事であることが確認できる書類（議事録の写し等）を提示すること。

（注2）　臨床研修修了登録証については、平成16年4月1日以降に医師免許証を取得した医師及び平成18年4月1日以降に歯科医師免許証を取得した歯科医師が対象です。

第3章　日常業務の手続き書類の作成方法　89

記載方法を上から順に解説します。

❶開設者……開設者（医療法人）の情報を記載します。
❷名称……診療所の名称を、定款どおりに記載します。
❸開設の場所……診療所の所在地、電話番号等を記載します。
❹開設許可（届出）年月日及び番号……診療所開設許可の年月日と許可番号を、診療所開設許可書どおりに「令和〇年〇月〇日　保生医第〇〇〇号」のように記載します。
❺変更した理由……「管理者交代のため」のように記載します。
❻変更年月日……管理者を交代した日を記載します。
❼変更事項……「管理者」と記載します。
❽変更前……変更前の管理者の氏名を記載します。
❾変更後……変更後の管理者の氏名を記載します。

(イ)　（歯科）医師免許証の写し
　一般的に原本提示が必要です。

(ウ)　臨床研修修了登録証（厚生労働省発行）の写し
　一般的に原本提示が必要です。
　医師は平成16年4月1日以降、歯科医師は平成18年4月1日以降に免許を取得した場合のみ対応が必要です。

■ 臨床研修修了登録証（厚生労働省発行）

㈍　職歴書（履歴書）

㈎　医療法人の理事になっていることが確認できる書類（議事録等）

　議事録の提出が必要な場合は、役員変更届に添付する議事録の写しを提出します（原本提示が必要な場合もあります）。

③　保険医療機関届出事項変更届（厚生局）（保険医療機関等省令第8条）

　保険医療機関の場合は、保健所の他、厚生局にも管理者の変更届を提出する必要があります。届出をすることで、厚生局のホームページの保険医療機関一覧等が更新されます。

　ただし、届出後、反映されるまでに1カ月程度かかることもあります。

　提出するものは、通常、次の2つです。

㈎　保険医療機関届出事項変更届

㈏　変更後管理者の保険医登録票の写し

　それぞれについて、解説します。

㋐ 保険医療機関届出事項変更届（関東信越厚生局のＨＰより）

保　険　医　療　機　関
保　険　薬　局　　届出事項変更（異動）届
生活保護法指定医療機関

登録省令第８条関係

❶ 医療機関（薬局）コード

保険医療機関又は保険薬局の名称	変更前	（フリガナ）	変更（異動）年月日等
	変更後	（フリガナ）	令和　　年　　月　　日

			変更（異動）年月日等
開設者名又は代表者名（法人の場合は法人名、代表者の職氏名）	変更前	（法人名）	令和　　年　　月　　日
		（氏　名）	
	変更後	（フリガナ）	（注）「保険医又は保険薬剤師の登録の記号及び番号」及び「医籍等登録番号」欄は、開設者又は代表者が、当該項目に該当する場合に記載してください。
		（法人名）	
		（フリガナ）	
		（氏　名）	
		保険医又は保険薬剤師の登録の記号及び番号　（　　）医・歯・薬	
		医籍等登録番号　第　　　　　号	

❷ 管理者又は管理薬剤師	変更前	（氏　名）	❸
	変更後	（フリガナ）	令和　　年　　月　　日
		（氏　名）	
		保険医又は保険薬剤師の登録の記号及び番号　（　　）医・歯・薬	
		医籍等登録番号　第　　　　　号	

❹ 保険医又は保険薬剤師 ＊複数名の場合は、別紙にご記入ください。	❺ 勤務者・勤務形態変更	（フリガナ）	（勤務日・勤務形態変更日）＊いずれかに○を付けてください。
		（氏　名）	
		登録の記号及び番号　（　　）医・歯・薬	
		医籍等登録番号　第　　　　　号	令和　　年　　月　　日
		勤　務　形　態　　常勤　・　非常勤	（＊登録票の写しを添付）
		担　当　診　療　科	
	❻ 退職者	（フリガナ）	（退職日・異動日）＊いずれかに○を付けてください。
		（氏　名）	令和　　年　　月　　日
		登録の記号及び番号　（　　）医・歯・薬	

その他の変更 区画変更・診療科目・診療（開局）時間・病床数（減少の場合）・法人所在地　等	変更前		令和　　年　　月　　日
	変更後		

生活保護法の指定医療機関の届出関係（※）	生活保護法の指定医療機関の変更の届出を併せて行う	❼ □	生活保護法第49条の2第2項第2号から第9号まで（指定欠格事由）に該当しない旨の誓約	❽ □	国の開設した医療機関	□

（※）は、該当する場合、右隣の□にチェックを入れること。

令和　　年　　月　　日　　医療機関（薬局）名称

開設者の氏名及び住所（法人の場合は、名称、代表者の職氏名及び主たる事務所の所在地）

関東信越厚生局長　殿

上記は関東信越厚生局に提出する変更届の様式です。記載方法を上から順に解説します。

　なお、各厚生局事務所によって、多少記載方法が異なります。

❶ 医療機関コード……7桁の医療機関コードを記載します。

❷ 管理者又は管理薬剤師……「管理者」を〇で囲み、変更前と変更後の管理者の情報を記載します。

❸ 管理者の変更日を記載します。

❹ 保険医又は保険薬剤師……変更後管理者が、下記のいずれかの場合記載が必要です。「保険医」を〇で囲みます。

■ 変更後管理者が、初めてそのクリニックに勤務する場合

　　❺ 勤務者・勤務形態変更……「勤務者」を〇で囲み、情報を記載します。変更日は、勤務日（入職日）を記入します。

■ 変更後管理者が、勤務形態を変更する場合（非常勤医師としてすでに勤務していた場合）

　　❺ 勤務者・勤務形態変更……「勤務形態変更」を〇で囲み、情報を記載します。変更日は、勤務形態変更日（通常、管理者就任日）を記入します。

❻ 退職者……管理者を辞める先生の情報を記載します。管理者は辞めるけれども、そのクリニックで勤務続ける場合は、この欄への記載は不要です。

❼❽ 生活保護法の指定医療機関の届出関係

　　　　　　　　……該当する場合は、□に✓を入れます。

⑷　**新管理者の保険医登録票の写し**

　保険医の管轄変更に伴い、保険医異動届が必要な場合があります。

　なお、管理者交代に伴って施設基準の届出の要件を満たせなくなる場合があるので注意が必要です（新しい管理者が必要な研修を受講していない場合など）。

第3章　日常業務の手続き書類の作成方法　　93

第4章 役員変更届及び登記事項届の様式・記載例

本書では、常務理事を設置していない医療法人を前提としています。

1 役員変更届の様式・記載例

(1) 役員変更届の提出書類

次頁の一覧表は、一般的な役員変更届の例と、提出書類をまとめたものです。

一般的な提出書類は、一覧表の❶～❼の7種類です。上から順に解説します。

❶ 役員変更届（表紙）……届出内容の概要を記載します。
❷ 定時社員総会議事録……2年に1回の改選時に提出する議事録です。
❸ 臨時社員総会議事録……改選時以外のイレギュラーな任期途中の場合の議事録です。
❹ 理事会議事録……理事長を選任する場合に必要な議事録です。
❺ 新役員の印鑑証明、役員就任承諾書、履歴書……新役員が就任する場合の添付書類です。都道府県等によって多少異なります。つど、都道府県等に確認してください（ここでは一般的な内容を例示しています）。

【役員変更届の提出書類一覧表（定時業務）】

	定時業務		
		役員に変更がある場合	
	① 全員重任	② 理事変更 ③ 監事変更	④ 理事長交代
❶ 役員変更届（表紙）	○	○	○
❷ 定時社員総会議事録	○	○	○
❸ 臨時社員総会議事録			
❹ 理事会議事録	○		○
❺ 新役員の印鑑証明、役員就任承諾書、履歴書		○	○
❻ 新理事長の（歯科）医師免許証			○
❼ 旧役員の辞任届			

【役員変更届の提出書類一覧表（臨時業務）】

	臨時業務		
	役員変更手続き（任期途中）		④ 管理者交代手続き
	① 理事変更 ② 監事変更	③ 理事長交代	
❶ 役員変更届（表紙）	○	○	○
❷ 定時社員総会議事録			
❸ 臨時社員総会議事録	○	▲	○
❹ 理事会議事録		○	
❺ 新役員の印鑑証明、役員就任承諾書、履歴書	○	○	○
❻ 新理事長の（歯科）医師免許証		○	
❼ 旧役員の辞任届	▲	▲	▲

第4章　役員変更届及び登記事項届の様式・記載例　　95

❻新理事長の（歯科）医師免許証……理事長交代の場合、必要な場合が多いです。

❼旧役員の辞任届……都道府県等によっては必要な場合がありますので、つど確認ください。辞任届へ押印が必要になる場合があります。内部で揉めて辞任されるケースも多いので、早めに準備することをお勧めします。

⑵　様式及び記載例一式(東京都のＨＰより：一部抜粋・修正)

役員名簿は、東京都独自の様式のため、割愛します。

一般的な提出書類❶〜❼について、解説します。

①　「❶役員変更届（表紙)」

各都道府県等のホームページに掲載されている記載例に倣って記載します。

「⑶　**事例別記載例**」で、事例別記載例を解説しています。

法 人 No.

年　　月　　日

東京都知事　殿

主たる事務所
の 所 在 地

届出者　　名　　　　称
理 事 長 氏 名
電 話 番 号　（　　）

医 療 法 人 役 員 変 更 届

役員に変更があったので、医療法施行令第５条の13の規定により、下記のとおり届け出ます。

記

1	変更した役職名	
2	就任者氏名	
3	退任者氏名	
4	変更理由	
5	変更年月日	年　　月　　日

② 「❷定時社員総会議事録」

下記は、改選時の議事録の例です。

「(3)　**事例別記載例**」で、事例別記載例を解説しています。

（決算承認・役員改選 社員総会議事録　記載例）

医 療 法 人 社 団 ○ ○
定 時 社 員 総 会 議 事 録

1．日　　時　　令和○○年○月○日　　　時　分～　時　分
2．場　　所　　○○○　において
3．出席社員　　○○○○、○○○○、○○○○、○○○○、
　　　　　　　　○○○○
　　　　　　　（本社団社員総数○名のうち、○名出席）
4．出席理事及び監事
　　　　　理事長　　○○○○、理事　　○○○○、理事　　○○○○、
　　　　　理事　　　○○○○、監事　　○○○○
5．議事録作成者　　○○○○

　本社団定款第○条の規定により○○○○は選任されて議長となり、定款第○条第○項に規定する定足数を満たしたことを確認したのち、○時○分開会を宣し、議事に入った。

第1号議案　○○年度事業報告及び決算書類等の承認を求める件
　議長は発言し、当期（自令和○○年○○月○○日至同年○○月○○日）における事業状況を事業報告書により詳細に説明報告し、下記の書類を提出して、その承認を求めたところ、全員異議なくこれを承認可決した。

　　　1　財産目録
　　　2　貸借対照表
　　　3　損益計算書

第2号議案　理事及び監事の任期満了に伴う改選の件
　議長は、理事及び監事の全員が任期満了し退任することとなるので、改選の必要がある旨を述べ、その選任方法を諮ったところ、社員○○○○から議長の指名に一任したいとの発言があり、全員これに賛成したので、議長は、下記の者を理事及び監事に選任する旨報告し、これを一同に諮ったところ、全員異議なく承認可決した。
　なお、被選任者は、いずれも席上その就任を承諾した。

　　　理事　○○○○　（重任）
　　　理事　○○○○　（重任）
　　　理事　○○○○　（重任）
　　　理事　○○○○　（重任）
　　　監事　○○○○　（重任）

　以上をもって本日の議事を終了したので、議長は閉会を宣した。
　　　　　　　　　　　　　　　　（　○　時　○　分　）

　本日の決議を確認するため、出席社員の全員が記名押印する。
　　　　　　　　　　社　員（理　事　長）○○○○印
　　　　　　　　　　〃　（理　　　事）○○○○印
　　　　　　　　　　〃　（　〃　）○○○○印
　　　　　　　　　　〃　（　〃　）○○○○印
　　　　　　　　　　〃　（監　　　事）○○○○印

③ 「❹理事会議事録」

　下記は、改選時の議事録の例です。

「⑶　**事例別記載例**」で、事例別記載例を解説しています。

（理事長改選 理事会議事録　記載例）

医　療　法　人　社　団　○　○
理　事　会　議　事　録

1．日　時　　令和○○年　○月　○日　　時　分〜　時　分
2．場　所　　○○○において
3．出席理事　○○○○、○○○○、○○○○、○○○○
　　　　　　（理事総数○名）
4．出席監事　○○○○

　本社団定款第○条の規定により理事長○○○○は議長となり、定款第○条第○項に規定する定足数を満たしたことを確認したのち、○時○分開会を宣し、議事に入った。

議案　理事長選任の件
　議長は発言し、本社団の理事長を選任したい旨を述べ、議場に諮ったところ、全員の一致をもって下記の者を選任した。
　なお、被選任者は、いずれも席上その就任を承諾した。
　　　理事長　○○○○
　以上をもって本日の議事を終了したので、議長は閉会を宣した。
　　　　　　　　　　　　　　　　　　（　○　時　○　分　）
　本日の決議を確認するため、出席理事及び監事全員が記名押印する。

理　事　長　○○○○印
理　　　事　○○○○印
　　　〃　　　○○○○印
　　　〃　　　○○○○印
監　　　事　○○○○印

第4章　役員変更届及び登記事項届の様式・記載例　　99

④ 「❺新役員の役員就任承諾書、履歴書」

令和　年　月　日

医療法人　団
理事長　　　　　殿

住所
氏名　　　　　　　実印

役 員 就 任 承 諾 書

　私は医療法人　団　の理事（理事長、常務理事、監事）に就任することを承諾します。

〈記載例〉

履　歴　書

住　　　所　東京都新宿区西新宿二丁目8番○号
氏　　　名　東　京　太　　　　　　　　　　　　　　印鑑登録証明書と一字一句合うように記載する。
（ふり）（がな）（あずま）（きょう）（た）
生 年 月 日　昭和53年10月25日
学　　　歴　平成6年4月〜平成9年3月　東京都立○○高校
　　　　　　平成9年4月〜平成15年3月　○○大学医学部
　　　　　　平成15年5月　　　　　　　第500回医師国家試験に合格
始期と終期がわかるように記載する。
　　　　　　　　　　　　　　　　　　　（医籍　123456　号　平成15年5月10日登録）

職　　　歴　平成15年4月〜平成21年7月　○○大学病院内科医局勤務
　　　　　　平成21年8月〜　　　　　　　東京都千代田区丸の内3−5−○
　　　　　　　　　　　　　　　　　　　東西ビル○○号で西北クリニック開設
　　　　　　平成22年4月〜　　　　　　　千代田区医師会加入
　　　　　　平成23年4月〜　　　　　　　株式会社○○取締役
　　　　　　　　　　　　　　　　　　　　　　　　現在に至る。
兼務する営利法人等がある場合、法人名や役職名を記載する。

賞　　　罰　な　し
　　　　　　※医療法第46条の5第5項が準用する第46条の4第2項の役員欠格事由には
　　　　　　　該当しておりません。
根拠条文を削らずに、必ずこの一文どおりに記載する。

以上のとおり相違ありません。
　　　　令和　年　月　日

氏　名　東　　京　太　（実印）

100　PARTⅣ　よくある日常業務

⑤ 「❼旧役員の辞任届」

令和　年　月　日

医療法人　団
理事長　　　　殿

住所
氏名　　　　　　　実印

辞　任　届

　私は令和〇〇年〇〇月〇〇日付で、医療法人　団　の理事（理事長、常務理事、監事）を辞任いたしたく届け出ます。

(3)　事例別記載例

　定時業務と臨時業務で頻出する下記のケースの役員変更届と議事録の記載例を解説します。
① 　事例別記載例（「(1)　定時業務」）
　「①全員重任」の場合
　「②理事変更」の場合
　「③監事変更」の場合
　「④理事長交代」の場合
② 　事例別記載例（「(2)　臨時業務」）
　「①理事変更」の場合
　「②監事変更」の場合
　「③理事長交代」の場合
　「④管理者交代」に伴う理事交代の場合

それでは、順に解説します。

① 事例別記載例（「(1)　定時業務」）

前提：令和6年4月1日改選

㋐ 「①全員重任」の場合

「❶役員変更届」の記載例（抜粋）

1　変更した役職名	理事長　理事　監事
2　就任者氏名	（理事長）a （理　事）b、c　（監　事）d
3　退任者氏名	
4　変更理由	任期満了に伴う改選
5　変更年月日	令和6年4月1日

「❷定時社員総会議事録」の記載例（抜粋）

第2号議案　理事及び監事の任期満了に伴う改選の件

　議長は、理事及び監事の全員が任期満了し退任することとなるので、改選の必要がある旨を述べ、その選任方法を諮ったところ、社員○○○○から議長の指名に一任したいとの発言があり、全員これに賛成したので、議長は、下記の者を理事及び監事に選任する旨報告し、これを一同に諮ったところ、全員異議なく承認可決した。

　なお、被選任者は、いずれも席上その就任を承諾した。

　　　理事a　（重任）

　　　理事b　（重任）

　　　理事c　（重任）

　　　監事d　（重任）

㈤ 「②理事変更」の場合（理事が、b→Bに交代）

「❶役員変更届」の記載例（抜粋）

1	変更した役職名	理事長　理事　監事
2	就任者氏名	（理事長）a （理　事）B、c　（監　事）d
3	退任者氏名	（理　事）b
4	変更理由	任期満了に伴う改選
5	変更年月日	令和6年4月1日

「❷定時社員総会議事録」の記載例（抜粋）

第2号議案　理事及び監事の任期満了に伴う改選の件

　議長は、理事及び監事の全員が任期満了し退任することとなるので、改選の必要がある旨を述べ、その選任方法を諮ったところ、社員○○○○から議長の指名に一任したいとの発言があり、全員これに賛成したので、議長は、下記の者を理事及び監事に選任する旨報告し、これを一同に諮ったところ、全員異議なく承認可決した。

　なお、被選任者は、いずれも席上その就任を承諾した。

　　　理事a（重任）
　　　理事B（新任）
　　　理事c（重任）
　　　監事d（重任）

㈦ 「③監事変更」の場合（監事が、d→Dに交代）

「❶役員変更届」の記載例（抜粋）

1	変更した役職名	理事長　理事　監事

第4章　役員変更届及び登記事項届の様式・記載例　103

2 就任者氏名	（理事長）a （理　事）b、c（監　事）D
3 退任者氏名	（監　事）d
4 変更理由	任期満了に伴う改選
5 変更年月日	令和6年4月1日

「❷定時社員総会議事録」の記載例（抜粋）

第2号議案　理事及び監事の任期満了に伴う改選の件

　議長は、理事及び監事の全員が任期満了し退任することとなるので、改選の必要がある旨を述べ、その選任方法を諮ったところ、社員○○○○から議長の指名に一任したいとの発言があり、全員これに賛成したので、議長は、下記の者を理事及び監事に選任する旨報告し、これを一同に諮ったところ、全員異議なく承認可決した。

　なお、被選任者は、いずれも席上その就任を承諾した。

　　　理事a（重任）

　　　理事b（重任）

　　　理事c（重任）

　　　監事D（新任）

㈎　「④理事長交代」の場合（現理事bが理事長に就任、現理事長aは理事に残る場合）

「❶役員変更届」の記載例（抜粋）

1 変更した役職名	理事長　理事　監事
2 就任者氏名	（理事長）b （理　事）a、c（監　事）d
3 退任者氏名	（理事長）a

104　PART Ⅳ　よくある日常業務

4	変更理由	任期満了に伴う改選
5	変更年月日	令和6年4月1日

「❷定時社員総会議事録」の記載例（抜粋）

第2号議案　理事及び監事の任期満了に伴う改選の件
　議長は、理事及び監事の全員が任期満了し退任することとなるので、改選の必要がある旨を述べ、その選任方法を諮ったところ、社員○○○○から議長の指名に一任したいとの発言があり、全員これに賛成したので、議長は、下記の者を理事及び監事に選任する旨報告し、これを一同に諮ったところ、全員異議なく承認可決した。
　なお、被選任者は、いずれも席上その就任を承諾した。

　　　　理事a（重任）
　　　　理事b（重任）
　　　　理事c（重任）
　　　　監事d（重任）

② 事例別記載例（「(2)　臨時業務」）

前提：令和6年10月1日変更

(ア) 「①理事変更」の場合（理事が、b→Bに交代）

「❶役員変更届」の記載例（抜粋）

1	変更した役職名	理事
2	就任者氏名	（理　事）B
3	辞任者氏名	（理　事）b
4	変更理由	理事高齢のため
5	変更年月日	令和6年10月1日

「❸臨時社員総会議事録」の記載例（抜粋）

第 2 号議案 理事交代の件

　議長は、このたび、理事 b 氏より辞任の申し出があり、後任の理事を選任する必要がある旨説明し、一同に諮ったところ、以下のとおり選任された。

　理事　B

　なお、被選任者は、理事就任を承諾した。

(イ)　「②監事変更」の場合（監事が、d → D に交代)
「❶役員変更届」の記載例（抜粋）

1	変更した役職名	監事
2	就任者氏名	（監　事）D
3	辞任者氏名	（監　事）d
4	変更理由	監事高齢のため
5	変更年月日	令和 6 年 10 月 1 日

「❸臨時社員総会議事録」の記載例（抜粋）

第 2 号議案 監事交代の件

　議長は、このたび、監事 d 氏より辞任の申し出があり、後任の監事を選任する必要がある旨説明し、一同に諮ったところ、以下のとおり選任された。

　監事　D

　なお、被選任者は、監事就任を承諾した。

㈦ 「③理事長交代」の場合（現理事 b が理事長に就任、現理事長
　a は理事に残る場合）
「❶役員変更届」の記載例（抜粋）

1	変更した役職名	理事長　理事
2	就任者氏名	（理事長）b　（理事）a
3	辞任者氏名	（理事長）a
4	変更理由	理事長高齢のため
5	変更年月日	令和 6 年 10 月 1 日

「❹理事会議事録」の記載例（抜粋）

第 1 号議案　理事長選定の件
　議長は、理事長 a 氏より本理事会終結をもって理事長の地位を
辞任したい旨の申し出があったため、後任の理事長を選定したい
旨を述べた。理事の間で慎重協議した結果、全員一致で下記の者
を理事長に選定することに決定した。
　なお、被選定者は、席上にて即座に就任することを承諾した。

　　　　　　　住所　東京都○○○○○○○○
　　　　　　　理事長　○○　○○（就任）

㈢ 「④管理者交代」に伴う理事交代の場合（管理者交代に伴い、
　理事が b → B に交代）
「❶役員変更届」の記載例（抜粋）

1	変更した役職名	理事
2	就任者氏名	（理　事）B
3	辞任者氏名	（理　事）b
4	変更理由	管理者交代のため
5	変更年月日	令和 6 年 10 月 1 日

第 4 章　役員変更届及び登記事項届の様式・記載例　　107

「❸臨時社員総会議事録」の記載例（抜粋）

第1号議案　　○○診療所　管理者変更の件

　議長は、当社団が開設する　○○診療所の現管理者であるb氏より、本日をもって管理者及び当社団理事を辞任したい旨の申し出があるため、これに伴い新管理者を選任する必要がある旨を説明し、B氏を選任したい旨を述べた。なお、令和6年10月1日をもって就任となることを確認した。管理者就任及び就任日について、B氏の同意を得たことも確認した。

　議長はこれを一同に諮ったところ、満場一致でこれを承認可決した。

第2号議案　　理事1名選任の件

　議長は発言し、前号議案の承認に伴い、B氏は、定款第31条第3項の規定により新たに理事に就任する必要があることを説明し、一同に諮ったところ異議なく承認された。

　なお、理事就任の日は、令和6年10月1日とすることについても確認した。理事就任及び就任日について、B氏の同意を得たことも確認した。

　議長はこれを一同に諮ったところ、満場一致でこれを承認可決した。

② 登記事項届の様式・記載例

(1) 記載例（東京都のＨＰを一部修正）

　右上の日付は、提出日（発送日）を記入します。

1　登記事項→完了謄本を参考に、今回登記した事項を記載します。

2　登記年月日→完了謄本を参考に、登記年月日を記載します。

■ 医療法人の登記事項の届出の記載例（東京都のＨＰを一部修正）

≪作成上の注意≫
1．提出部数：1部＋「控」必要部数
2．法人の代表印は不要です。
3．登記事項証明書（履歴事項全部証明書）を添付してください。

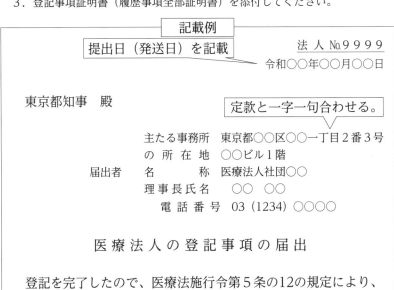

第4章　役員変更届及び登記事項届の様式・記載例　109

(2) 事例別記載例

手続き名	決算届＊経営情報の報告	役員変更届	登記申請	登記届	管理者変更届（診療所開設届出事項変更届）	管理者変更届（保険医療機関届出事項変更届）
提出先	都道府県等	都道府県等	法務局	都道府県等	保健所	厚生局
定時 役員改選ではない年	○		○	❶○		
定時 役員改選の年	○	○	○	❷○		
臨時 役員交代手続き（任期途中） 理事・監事交代		○				
臨時 役員交代手続き（任期途中） 理事長交代		○	○	❸○		
臨時 管理者交代手続き		○			○	○

❶ 定時業務（決算届のみの年）

1 登記事項	資産総額の変更
2 登記年月日	令和5年6月5日

❷－1 定時業務（役員改選の年）※理事長が重任の場合

1 登記事項	理事長の重任 資産総額の変更
2 登記年月日	令和5年6月5日

❷－2　定時業務（役員改選の年）※理事長が交代する場合

1　登記事項	理事長の交代 資産総額の変更
2　登記年月日	令和5年6月5日

❸ 臨時業務（理事長交代）

1　登記事項	理事長の交代
2　登記年月日	令和5年6月5日

PART V

大きなイベント
～分院開設・移転～

PART Ⅴは、医療法人が新たに分院を追加する場合や移転する場合の手続きについて解説します。

それぞれの具体的手続きは、「**第4章　具体的手続き（1定款変更認可申請、2登記申請、3保健所手続き、4厚生局手続き、5その他の手続き）**」で解説しています。

分院開設と移転は同様の手続きも多く、混乱しがちなので、異なる手続きについては、**■分院開設の場合**と**■移転の場合**に分けて解説します。

■分院開設の場合

■分院開設:標準的フローチャート

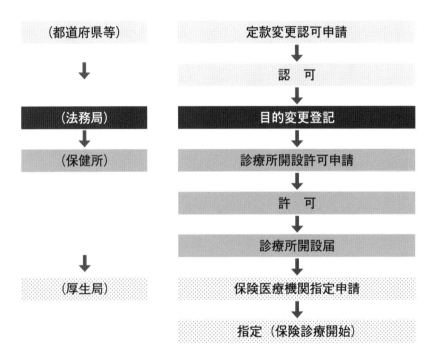

　医療法人が分院開設をする場合は、定款変更の素案提出から診療所オープン(保険診療開始)まで、半年以上かかります。そのため、手続きに少しでも早く着手することが重要です。
　なお、本書では完全に新規で分院を立ち上げる場合について解説しています。既存診療所を買い取るなど、他の方法での分院開設は、本書では触れていません。

■ 移転の場合

■診療所移転：標準的フローチャート

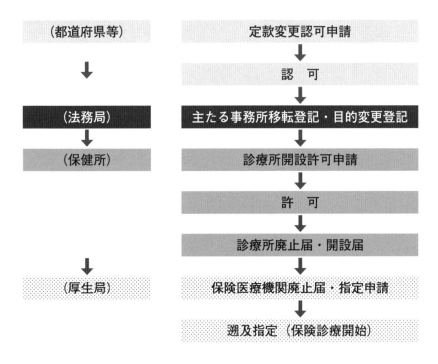

　医療法人が診療所の移転をする場合は、定款変更の素案提出から診療所移転までに半年程度かかります。少しでも早く着手することが重要です。
　本書では、開設している診療所が1つだけの医療法人の場合について解説します。そのため、診療所が移転する場合には診療所だけでなく、主たる事務所も移転することになります。
　移転の流れは、まず都道府県等に定款変更認可申請を行います。その後、法務局で登記を行い、保健所で移転手続きをします。最後

に厚生局で移転の手続きを行います。

■移転先の距離

　最も注意しなければいけないのが、移転先の距離です。保険医療機関が移転する場合は、移転先を探す段階で半径2km以内（直線距離で半径2km以内）に絞って探してください。2kmを超えてしまうと、移転先で最初の1カ月間は保険診療ができなくなります。施設基準の実績の引き継ぎもできず、実績ゼロからのスタートになります。この点は十分に注意してください。

　なお、診療所移転手続きとは、分解すると、移転前の診療所を廃止し、移転先の診療所を新規開設するという手続きです。保健所や厚生局の手続きでは、旧診療所の廃止と新診療所の開設手続きの両方が必要になります。

　旧診療所の廃止と新診療所の開設手続きで最も重要なのは、確実に遡及の手続きを行うことです。保険診療に空白期間が生じないようにする手続き（遡及手続き）を行うことで、移転日に遡及して保険医療機関の指定を受けることが可能になります。

117

第1章 全体の流れ

■分院開設の場合

　医療法人の場合、まず定款変更(分院開設の場合は、医療法人の定款に分院の名称と所在地を追加すること)の認可申請をして、定款変更認可後に登記を行い、その後に保健所と厚生局の手続きが必要です。

　全体としては半年以上かかりますので、早めに手続きに着手することが重要です。例えば、3月頃に分院開設が決まった場合は、保険診療開始は通常10月前後になります。

　それでは、分院開設が決まってから保険診療ができるまでの流れを詳細に見ていきましょう(3月に分院開設が決定、保険診療開始は10月頃のケースを説明)。

　例えば、3月に分院開設が決定した場合、速やかに資料の準備等を行い、定款変更認可申請の書類を整備、4月中に都道府県等に素案を送ります。これを、定款変更認可申請の素案提出(または仮申請)といいます。なお、申請は随時可能です。

　その後、都道府県等による審査があり、審査時に何度か修正のやりとりを行います。最終版が確定後、必要な押印の手配など、本申請に向けた準備をします。理事長印や管理者の先生の実印での押印が必要になる場合が多いです。準備が整い次第本申請を行い、1〜2週間で認可がおります。

　素案提出(仮申請)からだと、平均3カ月程度で定款変更認可が

おります。

　7月に認可がおりたとして、直ちに司法書士が登記申請をします。その変更登記完了後の謄本を原則として添付し、保健所で診療所開設許可申請を行います。

　通常その後には実地検査があります。クリニックの工事が終わり、診察が行える状態になっているかを確認するためです。定款変更は3カ月程度かかりますが、その間に内装工事を進めておくとよいでしょう。8月中旬の実地検査の時には内装工事が終了している必要があります（工事については、130頁「①　**診療所の図面**」参照）。

　診療所開設許可申請や実地検査で問題がなければ、8月中に診療所開設許可がおります。

　続く9月初旬（通常1日付）に同じく保健所に診療所開設届を提出します。

　続いて、9月10日頃までに、保健所の手続き書類一式の副本の写し等を添付し、各厚生局事務所にて保険医療機関指定申請を行います。毎月の締切日は各厚生局によって異なるので、必ず確認してください。

　今回の例では、9月10日頃までに指定申請を行い、10月1日から保険医療機関として指定されます（クリニックが「オープンする」という状態）。このように、毎月10日頃の締切までに申請すると翌月の1日から保険医療機関として指定されます。

　なお、9月中は診療所として開設はしているので自由診療は可能ですが、保険診療はまだできません。この期間をシミュレーションや内覧会の機会として、利用するケースもあります。

第1章　全体の流れ　119

■移転の場合

　医療法人の場合、まず定款変更（本書の移転の場合は、医療法人の定款の主たる事務所と診療所の所在地を移転先の住所に変更すること）の認可申請をして、定款変更認可後に登記を行い、その後に保健所と厚生局の手続きが必要です。

　全体としては半年程度かかりますので、早めに手続きに着手することが重要です。例えば、3月頃に移転が決まった場合は、移転は通常9月1日になります。

　それでは、医療法人開設の診療所が移転する場合の流れを説明します。各地域の都道府県等や保健所・厚生局によって多少異なるので、必ず事前に確認してください。

　9月1日移転の場合、約半年前から手続きの準備が必要です。3月中に書類準備、4月には都道府県などに定款変更の素案を提出します。6月には定款変更の内容がほぼ固まるので、保健所にも相談をしておきましょう。7月に定款変更の認可がおり次第、登記、保健所に診療所開設許可申請を行い、実地検査を受けます。その後、診療所開設許可がおります。

　そして、9月1日付で移転、9月1日すぎに保健所で診療所廃止届（8月31日廃止）と診療所開設届（9月1日開設）、厚生局で保険医療機関廃止届（8月31日廃止）と保険医療機関指定申請（9月1日遡及指定）の手続きを行います。

　それでは、診療所移転が決まってから移転先で保険診療ができるまでの流れを詳細に見ていきましょう。3月に診療所移転が決定し、9月1日移転のケースで説明します。

　例えば、3月に診療所移転が決定した場合、速やかに資料の準備等を行い、定款変更認可申請の書類を整備、4月中に都道府県等に素案を送ります。これを、定款変更認可申請の素案提出（または仮申請）といいます。なお、申請は随時可能です。

その後、都道府県等による審査があり、審査時に何度か修正のやりとりを行います。最終版が確定後、必要な押印の手配など、本申請に向けた準備をします。理事長印や管理者の先生の実印での押印が必要になる場合が多いです。準備が整い次第本申請行い、1〜2週間で認可がおります。

　素案提出（仮申請）からだと、平均3カ月程度で定款変更認可がおります。

　7月に認可がおりたとして、直ちに司法書士が登記申請します。その変更登記完了後の謄本を原則として添付し、保健所で診療所開設許可申請を行います。

　通常その後には実地検査があります。クリニックの工事が終わり、診察が行える状態になっているかを確認するためです。定款変更は3カ月程度かかりますが、その間に工事を進めておくとよいでしょう。8月中旬の実地検査の時には内装工事が終了している必要があります（工事については、130頁「①　**診療所の図面**」参照）。

　診療所開設許可申請や実地検査で問題がなければ、8月中に診療所開設許可がおります。

　その後、実際に9月1日付で診療所を移転し、9月1日すぎに、保健所に旧診療所の診療所廃止届（8月31日廃止）と新診療所の診療所開設届（9月1日開設）を提出します。

　続いて、9月10日頃までに、保健所の手続き書類一式の副本の写し等を添付し、各厚生局事務所にて、旧診療所の保険医療機関廃止届（8月31日廃止）と新診療所の保険医療機関開設届（9月1日開設）を行います。毎月の締切日は各厚生局によって異なるので、必ず確認してください。

　今回の例では、9月10日頃までに指定申請を行い、9月1日から保険医療機関として遡及指定されます。

　なお、移転日は通常1日付とします。月の途中を移転日とすることは可能ですが、月の途中で医療機関コードが変わるため、実務

第1章　全体の流れ　　121

上、煩雑になるためです（移転すると、保険医療機関コードが変わります）。

第2章 確認事項

　分院開設や移転が決定したら、まずクリニックの名称と所在地の表記の決定、分院開設資金や移転資金の調達方法を検討する必要があります。また、必要手続き等の提出状況も確認しておきましょう。

　分院開設の場合は、管理者（院長）を選任する必要もあります。

　特に、診療所の名称と開設場所の表記は注意が必要です。なぜなら、定款変更認可申請した内容で認可がおり、そのまま登記され、保健所や厚生局の手続きでも同じ表記で進んでいくからです。万が一、定款変更認可申請の際に「診療所の名称と開設場所の表記」を間違えると、クリニックがオープンできない事態になりかねません。

　また、診療所の名称と開設場所は、申請書内の多数の場所に記載することになります。途中で修正となると、その後の修正には手間がかかります。そのため、書類作成のはじめの段階で内容を固めることをお勧めします。

1 クリニックの名称

　クリニックの名称については、必ず事前に採用したい名称の使用可否を保健所に確認しましょう。候補のクリニック名を2つ～3つ挙げ、保健所に使用の可否を確認します。相談の際は、相談日時や

保健所の担当者名を記録しておきましょう。

　法人名を頭につけるかつけないかという選択肢もあるので、それも合わせて保健所に相談してください。例えば、医療法人名が医療法人社団○○会だとすると、クリニック名としては、通常、次のどちらも使用可能です。

・法人名を頭につけ「医療法人社団○○会　△△内科クリニック」とする
・単に「△△内科クリニック」とする

■移転の場合

　移転前のクリニック名に地名が入っている場合は注意が必要です。駅から遠い場所に移転する場合は、「駅前」が使えなくなったりする場合もあります。

　また、移転前は認められていた名称でも認められなくなる場合もあります。

2　クリニックの所在地の表記

　賃貸借契約書に「建物の所在地」が記載されているので、その記載内容を使用します。部屋番号が「○○区画○○号」と記載されていれば、その記載内容を使用します。

　賃貸借契約書の場合は「東京都○○区△△△１－２－３」のようにハイフンで書かれている場合も多くあります。しかし、定款の記載は「東京都○○区△△△一丁目２番３号」のように、ハイフンは使わずに記載する必要があります。

　また、診療所の所在地が住居表示実施地域かどうかによって、表記の方法が異なります。

住居表示実施地域では、住居表示の所在地を記載します。表記方法は、通常「○丁目○番○号」のようになります。自治体によって異なる場合もあるので、各役所のホームページや電話などで確認してください。

住居表示未実施地域では、地番を使って所在地を記載します。表記方法は、通常「○丁目○番地○」のようになりますが、こちらも自治体によって異なる場合もあるので、各役所に確認が必要です。

診療所の所在地が住居表示実施地域かどうかについては、「○○区、住居表示」のように検索して、役所のホームページで調べることが可能です。

【参考】新築の場合

新築の場合には、住居表示実施地域の場合でも、まだ建物が完成していないため、住居表示が決まっていません。テナントの場合は、早めにオーナーや施工業者に住居表示の手続きの手配を依頼しましょう。「住居番号付定通知書」等が発行されるので、診療所の所在地は、その通知書に記載された住居表示を使うことになります。

③　分院開設資金・移転資金の検討

分院の開設資金や移転資金については、早めに調達方法を検討し必要書類の手配をしておく必要があります。

分院を開設する場合や移転する場合、内装工事費用、医療機器の購入、保証金等の支出があり、多額の資金が必要になります。これに加え、基本的に運転資金が2カ月分必要になります。そのため分院開設資金や移転資金として、数千万円必要となる場合がほとんどです。そして、例えば、分院開設資金や移転資金として3,000万円

必要な場合、内部留保で3,000万円あれば自己資金で資金調達できますが、不足する場合は借入をすることになります。

内部留保の資料としては、例えば、医療法人の財産目録や勘定科目内訳書など、内部留保が確認できる資料を提出しますが、都道府県等によってかなり異なります。

内部留保で足りない場合には、借入に関する資料を提出する必要があります。これも自治体によって大きく異なります。例えば、議事録の中で「○○銀行から、△△円借入をする」という決議をしていれば、それのみで問題ない都道府県もある一方、金融機関との金銭消費貸借契約書（間に合わない場合には融資証明）が必要になる自治体もあります。

また、借入先が金融機関ではなく理事長個人が資金を出すケースでは、都道府県等によっては、理事長と医療法人との金銭消費貸借契約書、理事長個人の銀行口座の残高証明等が必要になる場合もあります。

4　必要手続き等の提出状況

医療法人の必須の手続きに、毎年の決算届、2年に1回の役員変更届、登記（毎年の資産総額変更登記、2年ごとの理事長重任登記）などがあります。定款変更認可とは直接関係ありませんが、未了の場合には早めに手続きを済ませておきましょう。（**PART Ⅳ**参照）

これらの必要な手続きが未了の場合は、認可がおりない都道府県等も多くあります。

5 管理者（院長）の選任 ■分院開設の場合

分院を開設する場合は、新たに分院の管理者（院長）を選任する必要があります。選任にあたっては、次の点に注意しましょう。

①管理者（院長）就任予定者は、クリニック（診療所）の開設時までに前職を退職している必要があります。

例えば、3月末日退職の場合、4月1日付で保健所の診療所開設手続き、4月10日頃までに厚生局で指定申請の手続きを行い、保険診療は5月1日スタートとなります。もし、4月1日保険診療開始を希望する場合は、2月末日までに前職を退職しなければなりません。

②分院の管理者には、印鑑証明書を取得してもらい、書類に実印で押印をお願いすることになる場合が多いので、あらかじめ伝えておきましょう。

なお、管理者は、医療法人の理事に就任する必要があります。医療法第46条の5第6項で、医療法人はその開設する全ての診療所の管理者を理事に加えなければならないと定められているためです。

また、多くの場合、理事は1名増員となるため、必要に応じて理事定数変更の定款変更も併せて行います。

【参考】医療法46条の5第6項

> 医療法人は、その開設する全ての病院、診療所、介護老人保健施設又は介護医療院（指定管理者として管理する病院等を含む。）の管理者を理事に加えなければならない。（略）

第3章 用意するもの

　分院開設あるいは移転が決まったら、まず用意する書類は大きく2種類あります。1つ目が医療法人関連の書類、2つ目が分院関連あるいは移転先診療所関連の書類です。法人関連の書類は、分院の場所や管理者が確定する前や移転先の場所が確定する前でも準備が可能です。法人関連の書類は早めに準備し、分院関連や移転関連の書類が揃い次第、すぐに素案を提出するとよいでしょう。

1　医療法人関連の書類

　用意する書類のうち、まず、法人関連の書類について以下で説明します。

(1)　現行定款

　定款変更認可申請を行うので、医療法人の現行定款が必要です。見つからない場合には、後述の「(3)　設立時の認可書、(設立後に定款変更をしている場合)定款変更認可書」の中にあります。新定款を作成するという作業になるので、現行定款のワードファイルも準備するとよいでしょう。医療法人を設立した時や定款変更した時の税理士や行政書士が定款のワードファイルを持っているはずです。

⑵ 医療法人の謄本（履歴事項全部証明書）

最寄りの法務局またはオンラインで取得が可能です。最新のものを準備してください（**PART Ⅱ第1章**で、取得方法を解説しています）。

⑶ 設立時の認可書、（設立後に定款変更をしている場合）定款変更認可書の控え一式

例えば、東京都所管の医療法人であれば東京都に定款変更認可申請を行います。その際に、過去に提出済の内容と今回の申請内容に整合性がとれている必要があります。過去に提出した書類を準備しておきましょう。

⑷ 役員変更届、事業報告（決算届）の控え

同様に、都道府県等に提出した役員変更届や毎年の事業報告等も準備しましょう。過去に届出した内容と今回の申請内容に整合性がとれている必要があります。

⑸ 医療法人の直近の法人税の確定申告書、月次残高試算表

予算書作成の際に必要となります。直近の月次残高試算表の提出を求める都道府県等もあります。

② 分院関連の書類、移転先診療所関連の書類

用意する書類のうち、分院関連の書類や移転先診療所関連の書類について以下で説明します。分院関連の書類や移転先診療所関連の書類には大きく2つあります。1つ目が分院や移転先診療所の建物関連の書類、2つ目が分院や移転先診療所の管理者関連の書類で

す。

⑴ 建物関連の書類

① 診療所の図面

　各部屋の面積（診察室の面積など）が記載されている図面が必要になります。工事着工前に、業者に保健所に出向いてもらい、構造設備に問題がないかを必ず確認しましょう。

　設計・内装工事は、医療機関の実績の多い業者に依頼することをお勧めします。医療機関特有の規制などがあるので、経験のない業者では手続きが難航する場合があります。

② 分院や移転先診療所の建物賃貸借契約書の写し

　分院や移転先診療所の建物の賃貸借契約書のすべての頁の写しが必要になります。下記の場合は、注意が必要です。

㋐ 建物所有者と賃貸人が異なる場合

　通常、建物賃貸借契約書の賃貸人（貸主）が建物所有者ですが、建物の登記を調べてみると、賃貸人（貸主）が建物所有者ではない場合があります。

　そのような場合は、建物所有者と賃貸人の繋がりがわかる契約書（原契約といいます）が追加で必要になります。さらに、「建物の所有者が転貸を承諾する」という転貸承諾書も通常必要になります。

　原契約も転貸承諾書も入手できるまでに数週間かかる場合もあるので、賃貸人（貸主）が建物所有者ではないと判明した時点で、早めに手配しましょう。

　なお、大規模な建物等の場合は、原契約がマスターリース契約書の場合もあります。その場合は、転貸承諾書がなくても問題ありません。

　また、建物所有者が個人で、その建物の所有者個人が経営している不動産管理会社が賃貸人というケースもよくあります。そのよう

な場合には、原契約の代わりに、管理業務委託契約書（建物所有者個人が不動産管理会社に業務を委託しているという契約書）や、転貸承諾書（建物所有者が転貸を承諾していることを示す承諾書面）などでも認められる場合があります。

　いずれにしても、分院開設や移転が決まり次第、建物の登記を調べることが重要です。

㈤　建物賃貸借契約の本契約が未締結の場合

　定款変更認可申請の素案提出時に本契約が未締結のときは、素案提出時は、ドラフト版でも構わない場合もあります。定款変更認可申請の本申請時までに本契約の写しを提出します。

㈥　新築の場合

　新築の場合、建物賃貸借契約ではなく「予約契約書」というような契約を締結することがありますが、素案提出時はそれでも問題ありません。

　そして、通常、本申請時までに建物賃貸借契約を締結し、その写しを提出することになります。

③　土地の全部事項証明書、建物の全部事項証明書など

㈦　登記情報と謄本

　登記関連の書類としては、登記情報（オンラインの情報）と謄本（正式な原本）の2種類があります。素案提出時は、登記情報（オンラインの情報）でも構いません。本申請時には、謄本（正式な原本）を提出する必要があります。

㈤　取得方法

　土地の地番や建物の家屋番号を調べ、登記情報（オンラインの情報）や謄本（正式な原本）を取得します。

　土地の地番や建物の家屋番号が不明の場合は、建物所有者や不動産業者に確認してください。

■登記情報提供サービス（https://www1.touki.or.jp/）

　登記情報（オンラインの情報）を確認できます（**PART Ⅱ第1章**

の図1参照)。

■登記・供託オンライン申請システム（https://www.touki-kyoutaku-online.moj.go.jp/）

謄本の原本がオンラインで取得できます。（**PART Ⅱ第1章の図2参照**）

(2)　管理者関連の書類

下記の書類が一連の手続きの際に必要になるので、まとめて依頼しておきましょう。

①　印鑑証明書の原本1通

都道府県等によっては、不要の場合もあります。一方、2通（定款変更用と役員変更届用）必要な場合もあるので、事前に確認してください。

②　履歴書

③　医師免許証や歯科医師免許証の写し

保健所手続きの際には、通常、原本提示も必要です。

④　臨床研修修了登録証の写し（医師は平成16年4月以降登録の場合、歯科医師は、平成18年4月以降登録の場合のみ）

保健所手続きの際に必要なので、まとめて依頼しましょう。通常、原本提示も必要です。

都道府県等によっては、定款変更認可申請時の添付書類としても必要になります。

厚生労働省が発行した証明書です。大学病院の研修修了書ではないので、注意が必要です。準備に時間がかかる場合もあるので、早めに手配してください。

⑤　保険医登録票の写し

厚生局手続きの際必要となります。まとめて依頼しましょう。

次章では、具体的手続きについて解説します。

第4章 具体的手続き

① 定款変更認可申請

■分院開設の場合

■分院開設:標準的フローチャート

今、ここです

(都道府県等)	定款変更認可申請
	↓
	認 可
	↓
(法務局)	目的変更登記
↓	↓
(保健所)	診療所開設許可申請
	↓
	許 可
	↓
	診療所開設届
↓	↓
(厚生局)	保険医療機関指定申請
	↓
	指定(保険診療開始)

第4章 具体的手続き 133

分院を開設するための定款変更認可申請は、定款の第4条の「本社団の開設する診療所の名称及び開設場所」に、開設したい分院の診療所の名称及び開設場所を追加するための手続きです。

■移転の場合

■診療所移転：標準的フローチャート

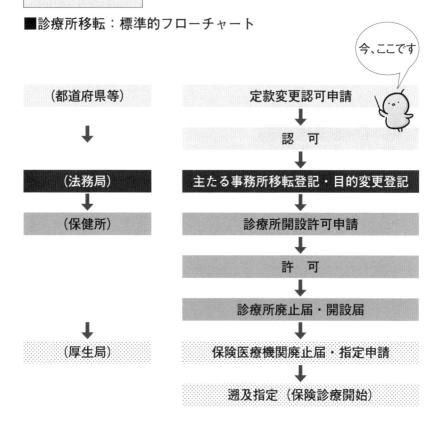

　移転に伴う定款変更認可申請は、定款第2条の「主たる事務所の所在地」と定款の第4条の「本社団の開設する診療所の名称および開設場所」を変更するための手続きです。

(1)　５Ｗ１Ｈの確認

まず、５Ｗ１Ｈ（時期、提出先、申請者、手続き名、法的根拠、様式）を確認しましょう。

①　時　期

随時申請可能です。本申請の期限等も特に設けられていません。早く申請すればその分早く認可がおり、余裕をもって保健所や厚生局の手続きが進められ、予定どおりに分院開設あるいは移転ができます。「少しでも早く申請する」ことが重要です。

②　申請先

申請先は、原則として主たる事務所の所在地の都道府県等です。ただし、既存診療所や新規開設する分院の所在地あるいは移転先の診療所の所在地によっては、そうでない場合もあります。都道府県等によって取扱いが異なるので、まずはじめに都道府県庁等に申請先を確認してください。

③　申請者

申請者は、医療法人です。

④　手続き名

手続き名は、定款変更認可申請です。

⑤　根　拠

法的根拠は、医療法第54条の９第３項、医療法施行規則第33条の25です。

【参考】医療法第54条の９第３項

> 定款又は寄附行為の変更（厚生労働省令で定める事項に係るものを除く。）は、都道府県知事の認可を受けなければ、その効力を生じない。

⑥ **様 式**

　定款変更認可申請の申請先の様式を使います。

　様式は都道府県等によって異なるので、各都道府県等のウェブサイトで調べたり、医療法人の担当部署に直接電話で確認したりするなどしましょう。間違った様式で書類を作成してしまうと、全部作り直しになります。

(2)　定款変更認可申請の流れ

　流れは都道府県等によって多少異なるので、最初に、都道府県等の担当者に問い合わせて確認しましょう。

　一般的な例ですが、まず、事前審査用に素案を提出します（東京都の場合は仮申請といいます）。その段階では、印鑑は不要です。謄本等もコピーで問題ありません。

　事前審査が終わった後に、必要な書類に押印をもらったり、証明書の原本を準備するなどして、本申請をします。それから認可がおりる流れになります。

　素案提出から最終的に認可がおりるまでには、通常3カ月程度かかります。

＜一般的な申請の流れ＞

> 素案提出→事前審査→本申請準備（押印手配・原本準備など）
> →本申請→認可

　目安として標準処理期間（素案を出してから認可がおりるまでの期間）が定められています。例えば、東京都が約3カ月、神奈川県が約4カ月といわれています。

(3)　定款変更認可申請の提出書類

　定款変更認可申請で提出する書類一式については、都道府県等の

ホームページに掲載されています。

　本書では、東京都の例で解説します。分院開設や移転の場合は、次頁一覧の「新規診療所開設（移転を含む）」の列の書類を提出します。

　以下が提出する書類のリストです。**太字の書類**は、作成する必要のある書類です（作成方法を後述しています）。それ以外は、準備した書類をそのまま提出します。

① **申請書**

② **新旧条文対照表**

③ **新定款の案文**

④ **社員総会議事録**

⑤ **新診療所等の概要**

　⑥周辺の概略図

　⑦平面図

　⑧賃貸借契約書（覚書）の写し

　⑨登記事項証明書（土地・建物）

⑩ **管理者就任承諾書**

　⑪医師（歯科医師）免許証の写し

⑫ **履歴書**

⑬ **新役員の役員就任承諾書**（※移転の場合、原則不要です）

⑭印鑑登録証明書

⑮ **事業計画**

　⑯借入をする場合は金銭消費貸借契約書の写し

　⑰その他契約書の写し

⑱ **変更予算・予算書**

　⑲ **収入予算書・支出予算書（各施設ごと）**

　⑳ **入院・外来収入内訳書、職員給与費内訳書（各施設ごと）**

㉑事業報告書等一式（直近の事業年度分）

㉒勘定科目内訳書

第4章　具体的手続き　137

■定款変更等認可申請の添付書類一覧（抜粋。東京都のHPより）

各種認可申請の添付書類一覧（令和5年9月29日現在）

項目	新規診療所開設（移転を含む）	既存診療所拡張	既存診療所廃止	附帯業務の開設	附帯業務の廃止	法人名の変更	診療所名の変更	役員定数の変更	医療法改正に伴う条文の変更	会計年度の変更	持分ありから持分なしの変更	その他条文変更	管理者理事特例認可申請	理事長選任特例認可申請	解散認可申請	押印の要否	備考
申請書	O	O	O	O	O	O	O	O	O	O	O	O	O	O	O	×	押印不要（R5.9.29以降に仮申請をする案件から適用）
新旧条文対照表	O	O	O	O	O	O	O	O	O	O	O	O				—	社団医療法人（医療法改正対応）／社団・経過措置型法人（持分あり）（医療法改正対応）／財団医療法人（医療法改正対応）
新定款（寄附行為）の案文	O	O	O	O	O	O	O	O	O	O	O	O				—	社団医療法人（医療法改正対応）／社団・経過措置型法人（持分あり）（医療法改正対応）／財団医療法人（医療法改正対応）
現行定款									O	O						—	
議事録(社員総会、理事会、評議員会)	O	O	O	O	O	O	O	O	O	O	O	O			O	O	押印が必要
解散理由書、残余財産の処分方法															O	O	
新診療所等の概要	O	O														—	
周辺の概略図	O	O														—	
平面図	O	O														—	
賃貸借契約書（覚書）の写し	O	O														—	
登記事項証明書（土地・建物）	O	O	O													—	法務局で取得すること
管理者就任承諾書	O															O	実印の押印が必要
医師（歯科医師）免許証の写し	O															—	
履歴書（注4）	O													O		O	実印の押印が必要
新役員の役員就任承諾書（注4）	O													O		O	実印の押印が必要
印鑑登録証明書（注4）	O										O					—	区役所等で取得すること
事業計画	O	O														—	
借入をする場合は金銭消費貸借契約書の写し	O	O														—	
その他契約書の写し（注1）	O	O	△													—	
変更予算・予算書	O	O														—	
収入予算書・支出予算書（各施設毎）	O	O														—	作成に当たってはチェックリスト、記載例もご活用ください
入院・外来収入内訳書、職員給与費内訳書（各施設毎）	O	O														—	
事業報告書等一式（直近の事業年度分）	O	O											O			△	
事業報告書	O	O											O			△	
財産目録・貸借対照表	O	O											O	O		△	
損益計算書・関係事業者との取引の状況に関する報告書・監事の監査報告書	O	O											O			△	
勘定科目内訳書（注2）	O	O											O			△	
登記事項証明書（医療法人）（注3）	O	O	O	O	O	O	O	O				O	O	O	O	—	法務局で取得すること
認可されれば理事長に就任する旨の承諾書														O		O	実印の押印が必要
医療法人の概要	O	O	O	O	O	O	O	O				O	O	O	O	—	
該当する場合は出資（寄附）申込書、拠出申込書（基金拠出契約書等）	O	O		O							O					×／△	出資（寄附）申込書、拠出申込書／基金拠出契約書は当事者間の押印不要の合意があれば無しでも可
出資者名簿											O					O	
出資持分の放棄申出書											O					O	
その他	△	△	△	△	△	△	△	△	△	△	△	△	△	△	△	△	個別対応

（注1）内装工事や医療機器等の見積書又は契約書の写し。
　　　　医療施設等を個人開設から法人開設に変更する際に、個人から法人へ機器、医療機器等を引き継ぐ場合の契約書。
　　　　既存診療所等の廃止については、他の医療法人等に事業譲渡する場合のみ添付が必要です。
（注2）直近の事業年度分。税務署に提出した様式。
（注3）履歴事項全部証明書。直近までの登記事項が全て登記されている必要があります。
（注4）原本を添付してください。（役員変更届に原本を添付する場合は、写しでも可）
「△」その他の書類についても、申請内容により追加で提出を求める場合があります。
※　診療所の移転の場合は、「既存診療所廃止」及び「新規診療所開設」に該当しますが、共通する書類については、1部で構いません。
※　各種証明書（登記事項証明書、印鑑登録証明書）は発行から3か月以内のものを添付してください。

㉓登記事項証明書（医療法人）

㉔医療法人の概要

⑷　定款変更認可申請書類の作成方法（東京都の場合）

　準備した書類や資料をもとに、大きく分けて、医療法人関連の申請書類と分院関連あるいは移転後の診療所関連の申請書類を作成・整備します。

■医療法人関連の申請書類■

　医療法人がどのような医療法人かを紙ベースで改めて説明するものです。さらに、その医療法人が分院を開設した後あるいは移転した後も、経営が成り立つことを裏付ける資料として必要となります。

　どのような医療法人かを説明する申請書類は、前述の準備した資料（現行定款、法人謄本、設立時の認可書・定款変更認可書、役員変更届、事業報告等の控え）をもとに作成・整備します。経営が成り立っていくかについては、確定申告書や残高試算表をもとに書類を作成します。

■分院や移転後の診療所関連の申請書類■

　新しい分院や移転後の診療所が、実態としてどのようなクリニックかを説明するために、主に建物や管理者について作成・整備します。

　以下では、東京都の場合の各書類の作成方法を、医療法人関連の申請書類（「**⑶　定款変更認可申請の提出書類**」①～④、⑮～㉔）、分院や移転後の診療所関連の申請書類（同⑤～⑭）に分けて説明します。

①　医療法人関連の申請書類の作成方法（①～④、⑮～㉔）

　法人関連の書類（①～④、⑮～㉔）について順番に説明します。

第4章　具体的手続き　　139

■「医療法人の定款（寄附行為）変更認可申請書」記載例（東京都のHPを一部修正）

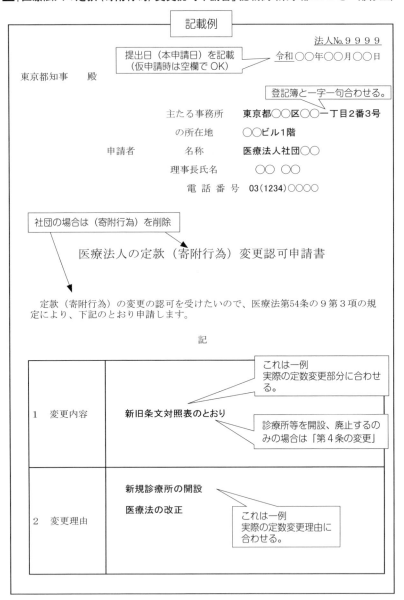

(注) 1 添付書類：巻末1参照
    2 提出部数：2部（仮申請の段階では1部）＋ 控 必要部数

東京都の例で説明しますが、他の都道府県もほぼ同じです。

　なお、本例では分院あるいは移転先診療所の建物は賃貸、開設資金は内部留保と借入で調達（出資はなし）の場合で説明します。

㋐ 「①申請書」
■分院開設の場合

　申請者（医療法人）の情報、変更内容、変更理由を記載例に倣って記入してください。

　変更理由は、「新規診療所の開設」と記載します。理事の定数を変更する場合は、「理事定数の変更」も記載します。

■移転の場合

　申請者（医療法人）の情報、変更内容、変更理由を記載例に倣って記入してください。

　今回の例（医療法人が開設しているクリニックが1つのため、主たる事務所も移転する）では、変更理由は「①主たる事務所の移転、②診療所の廃止、および開設」と記載します。②は、「診療所の移転」と記載しても構わない都道府県等もあります。これは、都道府県などの指示に従ってください。

㋑ 「②新旧条文対照表」
■分院開設の場合

　変更したい条文について、右側に旧条文、左側に新条文を記載し、変更があった部分に下線を引きます。

　今回の例では第4条を変更したいので、現行定款の第4条を右側に記載します。左側に現在の第4条を記載し、(2)として今回新しく追加したいクリニック名と所在地を追記し、追加した部分全体に下線を引きます。この例では、本院の通し番号として、新たに「(1)」が追加されますので、ここにも下線を付します。

　なお、管理者就任予定者は理事に就任する必要があるので、必要

第4章　具体的手続き　141

に応じて理事定数を増員する定款変更も併せて行う必要があります。

　ここでは、分院の管理者が理事に就任するものの、理事の定数に余裕がないため、理事の定数の変更も併せて行う場合の新旧条文対照表例としました。

■新旧条文対照表：記載例

新条文	旧条文
第4条　本社団の開設する診療所の名称及び開設場所は、次のとおりとする。	第4条　本社団の開設する診療所の名称及び開設場所は、次のとおりとする。
(1)　医療法人社団東南会　大森○○クリニック 　　東京都大田区大森一丁目1番○号△△ビル○○○号	医療法人社団東南会　大森○○クリニック 　　東京都大田区大森一丁目1番○号△△ビル○○○号
(2)　医療法人社団東南会　蒲田○○クリニック 　　東京都大田区蒲田三丁目3番○号△△ビル○○○号	
第25条　本社団に、次の役員を置く。	第25条　本社団に、次の役員を置く。
(1)　理　　　事　4名以上　7名以内 　　　　　　うち理事長　　1名	(1)　理　　　事　3名以上　5名以内 　　　　　　うち理事長　　1名
(2)　監　　　事　　　　　1名	(2)　監　　　事　　　　　1名

■**移転の場合**

　今回の例では、定款第2条（主たる事務所の所在地）と定款第4条（診療所の名称と所在地）の新旧条文の対照表を作成します。

　まず、右側の旧条文のところには、現行定款の第2条と第4条をコピー＆ペーストします。

次に、新条文の第2条と第4条は下記のように記載します。

「第2条（主たる事務所の所在地）」

移転後の主たる事務所の所在地に変更した条文を記載し、新旧条文の変更箇所に下線を引きます。

「第4条（診療所の名称と所在地）」

移転後の診療所の名称と所在地に変更した条文を記載します。新旧条文の変更箇所に下線を引きます。所在地だけが変更になる場合は、所在地だけ下線を引きます。移転に伴い診療所の名称も変更になる場合は、診療所の名称にも下線を引いてください。

■ 新旧条文対照表：記載例

新条文	旧条文
第2条　本社団は、事務所を東京都大田区大森二丁目2番〇号△△ビル〇〇〇号に置く。	第2条　本社団は、事務所を東京都大田区大森一丁目1番〇号△△ビル〇〇〇号に置く。
第4条　本社団の開設する診療所の名称及び開設場所は、次のとおりとする。 　医療法人社団東南会　大森〇〇クリニック 東京都大田区大森二丁目2番〇号 △△ビル〇〇〇号	第4条　本社団の開設する診療所の名称及び開設場所は、次のとおりとする。 　医療法人社団東南会　大森〇〇クリニック 東京都大田区大森一丁目1番〇号 △△ビル〇〇〇号

㋑ 「③新定款の案文」

■分院開設の場合

　現行定款に今回追加する分院の診療所の名称と開設場所を追加したものになります。まだ認可がおりていないので、タイトルは「医療法人社団○○会定款（案）」としてください。そして、第4条に分院の診療所の名称と開設場所を追加してください。

　理事定数の変更も行う場合は、増員後の人数を反映させます。定款（案）の抜粋したものを例示します。「・・・」の部分は本書では省略しましたが、変更前定款の条文を記載してください。

医療法人社団東南会定款（案）

・

・

・

第4条　本社団の開設する診療所の名称及び開設場所は、次の
　とおりとする。

(1)　医療法人社団東南会　大森〇〇クリニック
　　東京都大田区一丁目1番〇号　△△ビル〇〇〇号

(2)　医療法人社団東南会　蒲田〇〇クリニック
　　東京都大田区蒲田三丁目3番〇号　△△ビル〇〇〇号

・

・

・

第25条　本社団に、次の役員を置く。
(1)　理　　　事　4名以上　7名以内
　　　　　　　うち理事長　　1名
(2)　監　　　事　　　　　　1名

・

・

・

■移転の場合

　現行定款の第2条（主たる事務所の所在地）は移転後の住所、第4条（診療所の名称と所在地）は、診療所の名称（移転後に名称が変更になる場合は、新しい名称）と移転後の開設場所を記載したものになります。まだ認可がおりていないので、タイトルは「医療法人社団○○会定款（案）」としてください。

　定款（案）の抜粋したものを例示します。「・・・」の部分は本書では省略しましたが、変更前定款の条文を記載してください。

医療法人社団東南会定款（案）

・
・
・

第2条　本社団は、事務所を東京都大田区大森二丁目2番○号　　△△ビル○○○号に置く。

・
・
・

第4条　本社団の開設する診療所の名称及び開設場所は、次のとおりとする。
医療法人社団東南会　大森○○クリニック
東京都大田区大森二丁目2番○号　　△△ビル○○○号

・
・
・

146　PART Ⅴ　大きなイベント〜分院開設・移転〜

㈍ 「④社員総会議事録」

■分院開設の場合

定款で、「…次の事項は、社員総会の議決を経なければならない。
(1) 定款の変更…」と定められているので、分院開設が決まり次
第、臨時社員総会を開催し、分院開設の決議をとってください。通
常、定時社員総会ではなく、臨時社員総会になるので、タイトルは
臨時社員総会議事録としてください。

各都道府県等のホームページに分院開設の議事録の例が掲載され
ている場合は、記載例に倣って作成することをお勧めします。

本書では、東京都の様式例を参考にした「**作成例**」で解説します。

■作成例（社員総会議事録。東京都のＨＰを一部修正）

❶医療法人社団○○
臨時社員総会議事録

❷1. 日　時　　令和 ○○ 年 ○ 月 ○ 日 時 分〜 時 分

❸2. 場　所　　○○○ において

❹3. 出席社員　　○○○○、○○○○、○○○○
（本社団社員総数○名のうち、○名出席）

❺4. 出席理事及び監事　　理事長○○○○、理事○○○○、
理事○○○○、監事○○○○

❻5. 議事録作成者　　○○○○

本社団定款第○条の規定により○○○○は選任されて議長と
なり、定款第○条第○項の規定する定款変更の決議に必要な定
足数に達したことを確認したのち、○時○分開会を宣し、議事
に入った。

❼第１号議案　新診療所開設の件

　議長○○○○は、次のように述べた。

「本社団の事業も順調に発展している。そこで、新たに、東京都○○区○○○丁目○番○号に、診療所を開設したい。その資金計画は次のとおりである。

　　○○銀行の融資　　　○○○○万円
　　本社団の内部留保金　○○○○万円
　　合　計　　　　　　　○○○○万円

　　内装工事費　　　　○○○万円
　　医療機器購入費　　○○○万円
　　保　証　金　　　　○○○万円
　　運 転 資 金 等　　　○○○万円
　　合　計　　　　○億○○○万円

　新診療所の建築予定地は、最近、再開発の進展など周囲の環境の発展がめざましく、診療所経営は相当有利なものと見込まれる。」

　この他詳細な説明を行い、社員の質疑に対し、回答した。

　議長は本議案を一同に諮ったところ、全員異議なく承認した。

❽第２号議案　定款の一部変更及び役員定数の変更承認の件

　議長○○○○は、前号議案の承認に伴い、新設診療所の名称及び所在地を定款第○条に加える件、及び診療所の増設により理事機構を強化するため、定款第○条に規定される理事の定員を○～○名から○～○名に改める件について、その案を一同に示した。

議長はこれを一同に諮ったところ、全員異議なく承認した。

❾第3号議案　新診療所の管理者及び理事1名選任の件
　議長○○○○は、新たに開設する診療所の管理者に、○○氏を選任したい旨を述べた。
　また、同氏は本社団の理事ではないため、同時に理事として選任する必要がある旨を述べた。
　議長はこれを一同に諮ったところ、全員異議なく承認した。
　なお、東京都知事の認可の日をもって、理事就任となることを確認した。

❿第4号議案　銀行融資申込に伴う借入金額の最高限度の承認の件
　議長○○○○は、新診療所の開設資金について○○銀行○○支店から融資を受けるにあたり、借入金額の最高限度を次のように提案した。
　○億○○○万円
　議長はこれを一同に諮ったところ、全員異議なく承認した。

⓫第5号議案　事業計画及び予算の変更設定の件
　議長○○○○は、新診療所の開設計画に伴い、令和○年○月に承認を得た、本年度の事業計画及び予算を別紙のように変更したい旨、令和○○年度の事業計画及び予算を別紙のように設定したい旨を述べ、計画案、予算案を一同に配付した。
　議長はこれを一同に諮ったところ、全員異議なく承認した。

　以上をもって本日の議事を終了したので、議長は閉会を宣した。

第4章　具体的手続き　149

（〇時〇分）

❿本日の決議を確認するため、出席社員及び出席役員の全員が記名押印する。

　　　　　　　　　　　　　　社　員（理事長）　〇〇　〇〇　印
　　　　　　　　　　　　　　　〃　（理　事）　〇〇　〇〇　印
　　　　　　　　　　　　　　　〃　（理　事）　〇〇　〇〇　印
　　　　　　　　　　　　　　監　事　　　　　　〇〇　〇〇　印

【記載方法】

　上から順番に説明します。

❶「タイトル」……通常、「臨時社員総会議事録」となります。

❷「1．日時」……記載例に倣って記載します。

❸「2．場所」……記載例に倣って記載します。

❹「3．出席社員」……社員総会は総社員の過半数の出席がなければ、その議事を開き決議することができません。全員出席するのが望ましいです。社員が3名で3名出席した場合には、その3名の名前を記載し、本社団総数3名のうち、3名出席と記載します。

❺「4．出席理事及び監事」……社員と兼任している場合が多いかと思いますが、基本的に全役員（監事を含む）に出席してもらいましょう。監事については、社員ではない場合も出席してください。

❻「5．議事録作成者」……理事長が議事録作成者となる場合が
　　　　多いです。

　上記の❹「3．出席社員」や❺「4．出席理事及び監事」は、過
去に都道府県等に提出した役員変更届等に添付された議事録との整
合性が大切です。過去の資料で、医療法人の組織構成（役員と社員
の構成）を再確認しましょう。

❼「第1号議案　新診療所開設の件」

　　分院開設計画の概要を、記載例に倣って記載します。診療所
の名称や開設場所は、定款案どおりに記載します。

　　資金計画は、資金と支出の合計額が一致するように記載しま
す。また、後出の予算書の数字との整合性がとれるようにする
必要があります。

　　まず、資金の部分を説明します。

「本社団の内部留保金」：医療法人の内部留保の金額を書きま
　　　　　　　　　　　　す。この内部留保金の金額は、通常直
　　　　　　　　　　　　近の期末の現預金額を書きます。内部
　　　　　　　　　　　　留保金では不足する場合は借入をする
　　　　　　　　　　　　ことになるので、銀行の融資等につい
　　　　　　　　　　　　ても記載します。都道府県等によって
　　　　　　　　　　　　は、金銭消費貸借契約書や融資証明が
　　　　　　　　　　　　必要になるので、内部留保金で資金調
　　　　　　　　　　　　達できることが望ましいです。

　　次に支出の部分を説明します。

「内装工事費」「医療機器購入費」：見積書の提出が必要になる
　　　　　　　　　　　　　　　　　場合もあります。

「保証金・敷金等」：賃貸借契約書の金額を記載します。

「運転資金等」：通常、予算書の運転資金2カ月分を記載しま
　　　　　　　す。

❽「第2号議案　定款の一部変更及び役員定数の変更承認の件」

第4章　具体的手続き　151

記載例に倣って、「議長○○○○は、前号議案の承認に伴い、新設診療所の名称及び所在地を定款第4条に加える必要があるとし、その案を一同に示したところ、全員異議なく承認した」のように記載します。

理事定数の変更も行う場合の記載例は次のようになります。「議長は各号議案の承認に伴い、新診療所の名称と所在地を定款第4条に加える件、及び診療所の増設により理事機構を強化するため、定款第25条に規定される理事定数に対し、定員を3名～5名から4名～7名に改める件についてその案を一同に示した。議長は、これを一同に諮ったところ、全員異議なく承認した」、というような記載になります。

なお、事前審査の過程で、理事定数の決議は別議案にするように、というような指示があれば、それに従いましょう。

❾「第3号議案　新診療所の管理者及び理事1名選任の件」

記載例に倣って、「議長○○○○は、新たに開設する診療所の管理者に、○○氏を選任したい旨を述べた。また、同氏は本社団の理事ではないため、同時に理事として選任する必要がある旨を述べた。議長はこれを一同に諮ったところ、全員異議なく承認した。なお、東京都知事の認可の日をもって、理事就任となることを確認した」のように記載します。

東京都の場合は東京都の様式どおりに書いてください。

なお、すでに理事の方が管理者に就任する場合は、「議長○○○○は、新たに開設する診療所の管理者に、○○氏を選任したい旨を述べた。議長はこれを一同に諮ったところ、全員異議なく承認した」と記載します。（上記の「また、同氏は本社団の理事ではないため、～」と「なお、東京都知事の～」の文は不要です）

なお、都道府県等によって、理事就任日の取扱いのローカルルールがあります。東京都の場合は、「東京都知事の認可の日

をもって、理事就任」となりますが、神奈川県の議事録記載例
では、「なお、○○○○氏はこの定款変更認可申請が神奈川県
知事に認可された後、診療所開設日をもって、理事就任となる
ことを承諾した」となっています。「臨時社員総会日を以て就
任」とすることも可能です。

　なお、定款変更認可申請とは別に、役員変更届の提出も必要
となります。

❿「第4号議案　銀行融資申込に伴う借入金額の最高限度の承認
の件」

　内部留保が不足しており、借入により資金調達をする場合
は、この議案が必要になります。記載例に倣って、金銭消費貸
借契約書等と整合性がとれるように記載してください。内部留
保が十分あり、借入をしない場合は、この議案は不要です。

⓫「第5号議案　事業計画及び予算の変更設定の件」

　記載例のとおりに記載してください。

⓬「押印欄」

　記載例のとおりに記載してください。議事録の冒頭の部分
の、出席社員と役員氏名の整合性を確認してください。

■移転の場合

　定款で、「…次の事項は、社員総会の議決を経なければならない。
(1)定款の変更…」と定められているので、移転が決まり次第、臨時
社員総会を開催し、移転の決議をとってください。通常、定時社員
総会ではなく、臨時社員総会になるので、タイトルは臨時社員総会
議事録としてください。

　各都道府県等のホームページに移転の議事録の例が掲載されてい
る場合は、記載例に倣って作成することをお勧めします。

　本書では、東京都の様式例を参考にした「**作成例**」で解説します。

第4章　具体的手続き　153

■ 作成例（社員総会議事録。東京都の HP を一部修正）

❶医療法人社団○○
臨時社員総会議事録

❷1．日　時　　令和○○年○月○日　時　分～　時　分
❸2．場　所　　○○○において
❹3．出席社員　　○○○○、○○○○、○○○○
　　　　　　　　　（本社団社員総数○名のうち、○名出席）
❺4．出席理事及び監事　理事長○○○○、理事○○○○、
　　　　　　　　　　　　理事○○○○、監事○○○○
❻5．議事録作成者　　　○○○○

　本社団定款第○条の規定により○○○○は選任されて議長となり、定款第○条第○項の規定する定款変更の決議に必要な定足数に達したことを確認したのち、○時○分開会を宣し、議事に入った。

❼第1号議案　診療所移転の件

　議長○○○○は、次のように述べた。

「本社団の事業も順調に発展している。そこで、○○○○クリニックが手狭になったこと、また感染防止対策も踏まえ、新しい環境を整えて現在にもましてより良い診療を目指すため、既存の患者の継続的診療が十分可能な○○○○○○○○○○○○ に診療所を移転したい。診療所の移転予定地は、移転前と同じく○○駅より徒歩○分と至便であり、患者様にとっても通いやすく、当社団にとっても経営上相当有利なものと見込まれる。」

その資金計画は次のとおりである。

○○銀行の融資　○○○○万円
本社団の内部留保金　○○○○万円
合　計　○○○○万円

内装工事費　○○○万円
医療機器購入費　○○○万円
保　証　金　○○○万円
運転資金等　○○○万円
合　計　○億○○○万円

　この他詳細な説明を行い、社員の質疑に対し、回答した。
　議長は本議案を一同に諮ったところ、全員異議なく承認した。

❽第２号議案　主たる事務所移転の件

　議長　○○○○は、前号の承認に伴い、当社団の主たる事務所を下記のとおり変更する件につき出席社員の承認を求めたところ、一同異議なくこれを承認した。

記

移転先住所　　　○○○○○○○○○○○○

❾第３号議案　定款の一部変更の件
　議長○○○○は発言し、前各号議案の承認に伴い、別紙新旧条文対照表のとおり定款第２条及び第４条を変更する必要があると

し、その案を一同に示したところ、全員異議なく承認した。

❿第4号議案　新診療所の管理者選任の件
　議長○○○○は、新たに開設する診療所の管理者に、引き続き○○○○氏を選任したい旨を述べた。議長はこれを一同に諮ったところ、全員異議なく承認した。

⓫第5号議案　銀行融資申込に伴う借入金額の最高限度の承認の件
　議長○○○○は、診療所の移転資金について○○銀行○○支店から融資を受けるにあたり、借入金額の最高限度を次のように提案した。
　○億○○○万円
　議長はこれを一同に諮ったところ、全員異議なく承認した。

⓬第6号議案　事業計画及び予算の変更設定の件
　議長○○○○は、診療所の移転計画に伴い、令和○年○月に承認を得た、本年度の事業計画及び予算を別紙のように変更したい旨、令和○○年度の事業計画及び予算を別紙のように設定したい旨を述べ、計画案、予算案を一同に配布した。
　議長はこれを一同に諮ったところ、全員異議なく承認した。

　以上をもって本日の議事を終了したので、議長は閉会を宣した。
（○時○分）

⓭本日の決議を確認するため、出席社員及び出席役員の全員が記名押印する。

社　員（理事長）　○　○　○　○　印

〃	（理	事）	○ ○ ○ ○	印
〃	（理	事）	○ ○ ○ ○	印
監　事			○ ○ ○ ○	印

【記載方法】

　上から順番に説明します。

❶「タイトル」……通常、「臨時社員総会議事録」となります。

❷「１．日時」……記載例に倣って記載します。

❸「２．場所」……記載例に倣って記載します。

❹「３．出席社員」……社員総会は総社員の過半数の出席がなけ
　　　　　　　　　　　れば、その議事を開き決議することがで
　　　　　　　　　　　きません。全員出席するのが望ましいで
　　　　　　　　　　　す。社員が３名で３名出席した場合に
　　　　　　　　　　　は、その３名の名前を記載し、本社団総
　　　　　　　　　　　数３名のうち、３名出席と記載します。

❺「４．出席理事及び監事」……社員と兼任している場合が多い
　　　　　　　　　　　　　　　　かと思いますが、基本的に全役
　　　　　　　　　　　　　　　　員（監事を含む）に出席しても
　　　　　　　　　　　　　　　　らいましょう。監事について
　　　　　　　　　　　　　　　　は、社員ではない場合も出席し
　　　　　　　　　　　　　　　　てください。

❻「５．議事録作成者」……理事長が議事録作成者となる場合が
　　　　　　　　　　　　　　多いです。

　上記の❹「３．出席社員」や❺「４．出席理事及び監事」は、過
去に都道府県等に提出した役員変更届等に添付された議事録との整
合性が大切です。過去の資料で、医療法人の組織構成（役員と社員
の構成）を再確認しましょう。

❼「第1号議案　診療所移転の件」

　移転の理由は、例えば、「手狭になったため」「老朽化したため」「立ち退きをしなければならなくなったため」のように具体的に記載します。

　また、移転計画の概要を、記載例に倣って記載します。新診療所の名称や移転先の所在地は、定款案どおりに記載します。

　資金計画は、資金と支出の合計額が一致するように記載します。また、後出の予算書の数字との整合性が取れるようにする必要があります。

　まず、資金の部分を説明します。

「本社団の内部留保金」：医療法人の内部留保の金額を書きます。この内部留保金の金額は、通常直近の期末の現預金金額を書きます。

　　　　　　　　　　　　　内部留保金では不足する場合は借入をすることになりますので、銀行の融資等についても記載します。都道府県等によっては、金銭消費貸借契約書や融資証明が必要になりますので、内部留保金で資金調達できることが望ましいです。

　次に支出の部分を説明します。

「内装工事費」「医療機器購入費」：見積書の提出が必要になる場合もあります。医療機器については、旧診療所から移設する場合は、見積書は不要です。

「保証金」：賃貸借契約書の金額を記載します。

「運転資金等」：通常、予算書の運転資金2カ月分を記載します。

❽「第2号議案　主たる事務所移転の件」

　記載例に倣って、下記のように記載します。

　議長　○○○○は、前号の承認に伴い、当社団の主たる事務所を下記のとおり変更する件につき出席社員の承認を求めたところ、一同異議なくこれを承認した。

記

　　移転先住所　　　○○○○○○○○○○○○

❾「第3号議案　定款の一部変更の件」

　記載例に倣って、「議長○○○○は発言し、前各号議案の承認に伴い、別紙新旧条文対照表のとおり定款第2条及び第4条を変更する必要があるとし、その案を一同に示したところ、全員異議なく承認した」のように記載します。

❿「第4号議案　新診療所の管理者選任の件」

　通常、移転前と管理者の変更はないので、「議長○○○○は、新たに開設する診療所の管理者に、引き続き○○氏を選任したい旨を述べた。議長はこれを一同に諮ったところ、全員異議なく承認した」と記載します。すでに理事ですので、理事に選任するというような決議は必要ありません。東京都の場合はこの東京都の記載例どおりに書いてください。

⓫「第5号議案　銀行融資申込に伴う借入金額の最高限度の承認の件」

　内部留保が不足しており、借入により資金調達をする場合は、この議案が必要になります。記載例に倣って、金銭消費貸借契約書等と整合性がとれるように記載してください。

　内部留保が十分あり、借入をしない場合は、この議案は不要です。

⓬「第6号議案　事業計画及び予算の変更設定の件」

　記載例のとおりに記載してください。

⓭押印欄

第4章　具体的手続き　159

記載例のとおりに記載してください。議事録の冒頭の部分の、出席社員と役員氏名の整合性を確認してください。

㋔ 「⑮事業計画」
■分院開設の場合

事業計画も様式に従い説明します。⑱の予算書は Excel で作成しますが、その Excel で作ったものの概要を、Word に簡潔に落とし込んだ書類で、通常、Ａ４で１～３枚程度になります。こちらも、議事録の予算の内容との整合性を確認してください。借入をする場合は、金銭消費貸借契約書のコピーも提出する必要があります。また、数字の根拠となる、その他の契約書等や各種見積書等も添付します。

この記載例のように、既存診療所の事業計画についても記載を求められる場合があります。

また、担当者によっては、詳細な事業計画の記載を求められる場合もあるので、担当者の指示に従いましょう。予算書と整合性がとれるように作成することが何よりも重要です。

■作成例（事業計画）

事 業 計 画

令和５年度（令和５年４月１日～令和６年３月31日）

　初年度においては、令和５年９月に「医療法人社団東南会蒲田〇〇クリニック」を開設する。

　開設にあたり必要な資金、計〇〇円（内装工事費　〇〇円、医療機器購入費　〇〇〇円、保証金〇〇円、運転資金等　〇〇円）については、借入金をもって充てる。

医療法人社団東南会　大森○○クリニック

収入見込みについては、利用者数１月平均○○人、収入は○○千円と計画している。
① 事業所の地代家賃
　　賃借料は年間（12カ月）○○千円と見込まれる。
② 職員採用計画
　　職員給与は、年間（12カ月）○○千円が見込まれる。（常勤医師○名、非常勤医師○名、常勤看護師○名、非常勤看護師○名、常勤事務員○名）

医療法人社団東南会　蒲田○○クリニック

収入見込みについては、利用者数１月平均○○人、収入は○○千円（７カ月）と計画している。
資金計画については、内部留保金をもって充てる。
① 事業所の地代家賃
　　賃借料は年間（７カ月）○○千円と見込まれる。
② 職員採用計画
　　職員給与は、年間（７カ月）○○千円が見込まれる。（常勤医師○名、非常勤医師○名、常勤看護師○名、非常勤看護師○名、常勤事務員○名）
施設整備費
　　内装工事費○○千円、医療機器購入費○○千円、保証金○○千円、運転資金（２カ月）等○○千円の計○○千円の支出が見込まれる。

令和６年度（令和６年４月１日～令和７年３月31日）
初年度同様の方針で、新たな設備の購入計画、職員採用計画は

なく、安定した経営を継続したく考える。

医療法人社団東南会　大森〇〇クリニック

収入見込みについては、利用者数1月平均〇〇人、収入は〇〇千円と計画している。
① 事業所の地代家賃
　　賃借料は年間（12カ月）〇〇千円と見込まれる。
② 職員採用計画
　　職員給与は、年間（12カ月）〇〇千円が見込まれる。（常勤医師〇名、非常勤医師〇名、常勤看護師〇名、非常勤看護師〇名、常勤事務員〇名）

医療法人社団東南会　蒲田〇〇クリニック

収入見込みについては、利用者数1月平均〇〇人、収入は〇〇千円と計画している。
① 事業所の地代家賃
　　賃借料は年間（12カ月）〇〇千円と見込まれる。
② 職員採用計画
　　職員給与は、年間（12カ月）〇〇千円が見込まれる。（常勤医師〇名、非常勤医師〇名、常勤看護師〇名、非常勤看護師〇名、常勤事務員〇名）

■移転の場合

　事業計画も様式に従い説明します。⑰の予算書はExcelで作成しますが、そのExcelで作ったものの概要を、Wordに簡潔に落とし込んだ書類で、通常、A4で1～3枚程度になります。こちらも、

162　PARTⅤ　大きなイベント～分院開設・移転～

議事録の予算の内容との整合性を確認してください。借入をする場合は、金銭消費貸借契約書のコピーも提出する必要があります。また、数字の根拠となる、その他の契約書等や各種見積書等も添付します。

　移転の場合は、「医療機器・備品等については、移転前のものを引き続き使用する」としても構いません。予算書と整合性がとれるように作成することが何よりも重要です。

■ 作成例（事業計画）

事　業　計　画

令和5年度（令和5年4月1日〜令和6年3月31日）
　令和5年8月をもって、医療法人社団東南会　大森〇〇クリニック（東京都大田区大森一丁目1番〇号△△ビル〇〇〇号）は、廃止し、令和5年9月より新規診療所（東京都大田区大森二丁目2番〇号△△ビル〇〇〇号）へ移転する。
　移転にあたり必要な資金、計〇〇円（内装工事費　〇〇円、医療機器購入費　〇〇円、保証金〇〇円、運転資金等　〇〇円）については、借入金をもって充てる。

　新規診療所の初年度の医業収入の見込みは、〇〇千円であり、〇〇千円ほどの利益が見込まれる。

令和6年度（令和6年4月1日〜令和7年3月31日）
　初年度と同様の方針で、安定した経営を継続したく考える。
　新規診療所の次年度の医業収入の見込みは、〇〇千円であり、〇〇千円ほどの利益が見込まれる。
　なお、職員の新たな採用の予定はない。

第4章　具体的手続き　163

㋕ 「⑱変更予算・予算書」

　各都道府県等のホームページに様式が掲載されているので、それに従い作成してください。Excel でも数式が全く入っていなかったり、様式が Word の場合もあります。その場合は、Excel の様式で数式を入れたものを作成してから作業を始めたほうが効率的です。

　この予算書はキャッシュフロー計算書に近いものなので、通常、現預金が動く取引のみを記載します。減価償却費や引当金などの記載は不要な場合が多いです。一方、借入金や借入金の元本返済、保証金や内装工事代、医療機器等購入代金は、原則、記載することになります。

　なお、都道府県等によって考え方がまちまちなので、それぞれの様式に従って作成を進めてください。

　本書では、東京都の様式と作成方法に沿って解説します。

　東京都の場合は、合計欄には数式が入っており、ブルーのセルに数字を入れれば、他のセルが自動計算されるようになっています。すべてのセルに数式が入っているわけではないので、計算が必要な部分にあらかじめ必要な数式を入れておくと、作業はずっと効率的になります。

　例えば、収入予算書の次年度繰越金は、前の年の支出予算書の繰越金が入るので、セル内にイコールになるように数式を入れます（166頁〜167頁と170頁〜171頁の「**予算書記載例**」の❻）。

　各年度の一番下の計の欄については、各年度の収入予算書と支出予算書の計が一致しますので、あらかじめ数式を入れておきましょう（166頁〜167頁と170頁〜171頁の「**予算書記載例**」の❹）。

　また、下記の資料を添付書類として提出する場合は、その金額を入力してください。

・賃貸借契約書（保証金・敷金、賃料など）

・金銭消費貸借契約書（借入額、返済額）

・見積書（内装工事や医療機器など）

■分院開設の場合

　既存の事業所は、ある程度実績に基づいて作成しますが、極力端数が出ないように作成しても問題ありません。

　新規開設する診療所については、予測の数字で作成します。収入は、例えば、本院の3分の1から半分くらいを見込む形で作成し、支出も最低限の支出とすれば、開設資金が膨らまずにすみます。

　内部留保の金額が少ない場合等は、特に配慮が必要です。

　東京都の予算書の作成方法について、ポイント（❶～❻）を説明します（次頁の「**予算書記載例**」参照）。

❶分院開設資金として内部留保金で賄う場合は、「内部資金移動」の項目を使って、分院に資金移動します。

❷キャッシュフロー計算書に近いものなので、借入金や借入金の返済についても記載する必要があります。東京都の様式には、「借入金」や「借入元金返済」の欄があるので、こちらに記載してください。

❸内装工事費や医療機器購入費、保証金なども同様です。東京都の様式では、「施設整備費、医療機器購入費、保証金（敷金）支出」という項目があるので、ここに計上してください。

❹施設ごとに「収入予算書」の「計」と、「支出予算書」の「計」の金額は一致する必要があります。法人全体の合計についても、「収入予算書」と「支出予算書」は一致します。

❺「初年度（収入予算書）」の「前年度繰越金」は前期末（期首）の現金預金の残高です。

❻次年度以降の前年度繰越金は、前年の繰越金の数字と同じになります。例えば、初年度の支出予算書の繰越金は次年の収入予算書の繰越金と一致します。

第4章　具体的手続き　165

■ 予算書記載例（東京都のＨＰを一部修正）

記載例（△△診療所新規開設の場合）
会計年度4月始まり（3月決算）、10月1日開設

12ヶ月分を記載　　**ここは空欄**　　**6ヶ月分を記載**

初年度
（収入予算書）　　　　　　　　　　　　　　　　　　　単位：千円

令和4年度	○○診療所		△△診療所		計	
科　目	現　行	変更後	現　行	変更後	現　行	変更後
医　業　収　入	60,000	60,000		30,000	60,000	90,000
入　院　収　入						
自　費　収　入						
社会保険等収入						
室料差額収入						
外　来　収　入	60,000	60,000		30,000	60,000	90,000
自　費　収　入	24,000	24,000		12,000	24,000	36,000
社会保険等収入	36,000	36,000		18,000	36,000	54,000
そ　の　他						
医業外収入	380	380		190	380	570
受　取　利　息						
そ　の　他	380	380		190	380	
借　入　金 ❷	0	0		❷ 15,000		
拠　出　金						
内部資金移動 ❶	❶	❺		❶ 1,000	❺	1,000
前年度繰越金	3,972	❺ 3,972		0	3,972	❺ 3,972
計 ❹	❹ 64,352	❹ 64,352		❹ 46,190	❹ 64,	❹ 110,542

❺ 初年度収入予算書の前年度繰越金は前年度末（期首）の現金預金の残高

❶ 法人内部での資金の振替（調達）を行う場合、資金の流れがわかるように記載する。（この例では、既存診療所支出予算に1,000千円を計上し、新規診療所収入予算に1,000千円を計上している。）

「拠出金」は、新たに理事長等が法人に拠出（出資）する場合のみ記載

❷ 診療所移転に伴う借入金は「変更後」のみに記入

現行・変更後　　入院・外来収入内訳（○○診療所、令和4年4月1日〜令和5年3月31日・12カ月）

患者数　　（人）		一日平均	一月平均	年間　A	平均単価B（円）	年間収入A＊B（千円）
外来	自　費　収　入	2	50	600	40,000	24,000
	社会保険等収入	30	750	9,000	4,000	36,000

変更後　　　　入院・外来収入内訳（△△診療所、令和4年10月1日〜令和5年3月31日・6カ月）

患者数　　（人）		一日平均	一月平均	年間　A	平均単価B（円）	年間収入A＊B（千円）
外来	自　費　収　入	2	50	300	40,000	12,000
	社会保険等収入	30	750	4,500	4,000	18,000

（注）　1　入院患者数（一年）＝入院患者数（一日平均）×365（366）日
　　　　2　外来患者数（一年）＝外来患者数（一月平均）×年度内月数

初 年 度
（支出予算書）

単位：千円

令和4年度	○○診療所		△△診療所		計	
科　　　目	現　行	変更後	現　行	変更後	現　行	変更後
医 業 費 用	*54,572*	*54,572*		*31,193*	*54,572*	*85,765*
給 与 費	*4,928*	*4,928*		*3,696*	*4,928*	*8,624*
職 員 給 与 金	4,800	4,800		3,600	4,800	8,400
退 職 職 金						
法 定 福 利 費	128	12		96	128	224
材 料 費				*8,025*	*10,700*	*18,725*
医 薬 品 費				8,025	10,700	18,725
給 食 材 料 費						
診 療 材 料 費						
医療消耗備品費						
経 費	*16,276*	*16,276*		*8,138*	*16,276*	*24,414*
福 利 厚 生 費	260	260		130	260	390
旅 費 交 通 費	640	640		320	640	960
職 員 被 服 費						
通 信 費	700	700		350	700	1,050
消 耗 品 費	900	900		450	900	1,350
会 議 費	700	700		350	700	1,050
光 熱 水 費	360	360		180	360	540
修 繕 費	360	360		180	360	540
リ ー ス 料	3,120	3,120		1,620	3,120	4,740
地 代 家 賃	3,492	3,492		1,746	3,492	5,238
保 険 料	300	300		150	300	450
交 際 費	1,700	1,700		850	1,700	2,550
租 税 公 課	700	700		350	700	1,050
そ の 他	3,044	3,044		1,522	3,044	4,566
委 託 費						
研 究 研 修 費						
本 部 費 等	1,068	1,068		534	1,068	1,602
役 員 報 酬	21,600	21,600		10,800	21,600	32,400
医 業 外 費 用	*68*	*68*		*34*	*68*	*102*
支 払 利 息	68	68		34	68	102
そ の 他						
施 設 整 備 費				*12,000*		*12,000*
❸施 設 整 備 費				❸9,000		9,000
❸医 療 機 器 購 入 費				❸3,000		3,000
❸保 証 金（敷金）支出				❸1,000		1,000
借 入 元 金 返 済❷	2,400	2,400		1,200	2,400	3,600
内 部 資 金 移 動❶		❶1,000				1,000
法 人 税 等	720	720		360	720	1,080
翌 年 度 繰 越 金	6,592	5,592		1,403	6,592	❻6,995
計❹	❹64,352	❹64,352		❹46,190	❹64,352	❹110,542

職員給与費内訳書（施設別）の合計額と一致させる

❸事業計画の記載と合わせる

❹合計は収入予算書と合わせる

■移転の場合

　移転の予算書の作り方のポイントは、移転前と移転後で、どう変わったかが読み取りやすいように作成することです。移転後に患者数やスタッフ数を急に増やしてしまうと、移転前後の関係がわからなくなるし、その分運転資金が余分に必要になってしまいます。できれば、移転前後での各種条件は変えず、移転に関する項目だけを変更するよう作成したほうがよいでしょう。

　つまり、家賃の部分、内装工事費用、追加で購入した医療機器など、移転に伴って変わる部分は必ず盛り込む必要がありますが、その他の項目は移転前と同じ数字のほうが望ましいです。医療機器を購入せずに移設する場合には、移設費用を計上します。

　東京都の予算書の作成方法について、ポイント（❶〜❻）を説明します（170頁の「**予算書記載例**」参照）。

❶移転資金を内部留保金で賄う場合は、「内部資金移動」の項目を使って、移転前診療所から移転後診療所に資金移動します。

❷キャッシュフロー計算書に近いものなので、借入金や借入金の返済についても記載する必要があります。東京都の様式には、「借入金」や「借入元金返済」の欄があるので、こちらに記載してください。

❸内装工事費や医療機器購入費、保証金なども同様です。東京都の様式では、「施設整備費、医療機器購入費、保証金（敷金）支出」という項目があるので、ここに計上してください。

❹施設ごとに「収入予算書」の「計」と、「支出予算書」の「計」の金額は一致する必要があります。法人全体の合計についても、収入予算書と支出予算書は一致します。

❺「初年度（収入予算書）」の「前年度繰越金」は前期末（期首）の現金預金の残高です。

❻次年度以降の前年度繰越金は、前年の繰越金の数字と同じにな

168　PART Ⅴ　大きなイベント〜分院開設・移転〜

ります。例えば、初年度の支出予算書の繰越金は次年の収入予算書の繰越金と一致します。

■ 予算書記載例（東京都のＨＰを一部修正）

記載例（既存診療所移転の場合）
会計年度4月始まり（3月決算）、7月1日移転の場合

12カ月分を記載　3カ月分を記載　ここは空欄　9カ月分を記載

初年度
（収入予算書）

単位：千円

| 令和4年度 | ○○診療所（移転前） | | ○○診療所（移転後） | | 計 | |
科　　　目	現　行	変更後	現　行	変更後	現　行	変更後
医 業 収 入	60,000	15,000		45,000	60,000	60,000
入 院 収 入						
自 費 収 入						
社会保険等収入						
室料差額収入						
外 来 収 入	60,000	15,000		45,000	60,000	60,000
自 費 収 入	24,000	6,000		18,000	24,000	24,000
社会保険等収入	36,000	9,000		27,000	36,000	36,000
そ の 他						
医 業 外 収 入	380	95		285	380	380
受 取 利 息						
そ の 他	380	95		285		
借 入 金 ❷	0	0		❷ 15,000		
拠 出 金						
内 部 資 金 移 動 ❶		❺		❶ 1,000	❺	1,000
前年度繰越金 ❺	3,972	❺ 3,972		0	3,972	❺ 3,972
計 ❹	❹ 64,352	❹ 19,067		❹ 61,285	❹ 64,	❹ 80,352

❺ 初年度収入予算書の前年度繰越金は前期末（期首）の現金預金の残高

❶ 法人内部での資金の振替（調達）を行う場合、資金の流れがわかるように記載する。（この例では、既存診療所支出予算に1,000千円を計上し、新規診療所収入予算に1,000千円を計上している。）

「拠出金」は、新たに理事長等が法人に拠出（出資）する場合のみ記載

❷ 診療所移転に伴う借入金は「変更後」のみに記入

現行　入院・外来収入内訳（○○診療所（移転前）、令和4年4月1日～令和5年3月31日・12カ月）

患者数　　（人）	一日平均	一月平均	年間　A	平均単価B（円）	年間収入A＊B（千円）
外　自 費 収 入	2	50	600	40,000	24,000
来　社会保険等収入	30	750	9,000	4,000	36,000

変更後　入院・外来収入内訳（○○診療所（移転前）、令和4年4月1日～令和4年6月30日・3カ月）

患者数　　（人）	一日平均	一月平均	年間　A	平均単価B（円）	年間収入A＊B（千円）
外　自 費 収 入	2	50	150	40,000	6,000
来　社会保険等収入	30	750	2,250	4,000	9,000

変更後　入院・外来収入内訳（○○診療所（移転後）、令和4年7月1日～令和5年3月31日・9カ月）

患者数　　（人）	一日平均	一月平均	年間　A	平均単価B（円）	年間収入A＊B（千円）
外　自 費 収 入	2	50	450	40,000	18,000
来　社会保険等収入	30	750	6,750	4,000	27,000

（注）　1　入院患者数（一年）＝入院患者数（一日平均）×365（366）日
　　　　2　外来患者数（一年）＝外来患者数（一月平均）×年度内月数

170　PART Ⅴ　大きなイベント～分院開設・移転～

初　年　度
（支出予算書）　　　　　　　　　　　　　　　　　　　　　　　　　　　　　　　　　単位：千円

令和4年度 科　　　目	○○診療所（移転前）		○○診療所（移転後）		計	
	現　行	変更後	現　行	変更後	現　行	変更後
医 業 費 用	*54,572*	*13,643*		*41,145*	*54,572*	*54,788*
給　与　費	*4,928*	*1,232*		*3,696*	*4,928*	*4,928*
職 員 給 与	4,800	1,200		3,600	4,800	4,800
退　職　金						
法 定 福 利 費	128			96	128	128
材　料　費				*8,025*	*10,700*	*10,700*
医　薬　品　費				8,025	10,700	10,700
給 食 材 料 費						
診 療 材 料 費						
医 療 消 耗 備 品 費						
経　　　　費	*16,276*	*4,069*		*12,423*	*16,276*	*16,492*
福 利 厚 生 費	260	65		195	260	260
旅 費 交 通 費	640	160		480	640	640
職 員 被 服 費						
通　信　費	700	175		525	700	700
消　耗　品　費	900	225		675	900	900
会　議　費	700	175		525	700	700
光 熱 水 費	360	90		270	360	360
修　繕　費	360	90		270	360	360
リ ー ス 料	3,120	780		2,340	3,120	3,120
地 代 家 賃	3,492	873		2,835	3,492	3,708
保　険　料	300	75		225	300	300
交　際　費	1,700	425		1,275	1,700	1,700
租 税 公 課	700	175		525	700	700
そ　の　他	3,044	761		2,283	3,044	3,044
委　託　費						
研 究 研 修 費						
本　部　費　等	1,068	267		801	1,068	1,068
役　員　報　酬	21,600	5,400		16,200	21,600	21,600
医 業 外 費 用	*68*	*17*		*51*	*68*	*68*
支　払　利　息	68	17		51	68	68
そ　の　他						
施 設 整 備 費				*15,000*		*15,000*
❸施 設 整 備 費				❸9,000		9,000
❸医 療 機 器 購 入 費				❸6,000		6,000
❸保 証 金（敷 金）支 出				❸1,000		
借 入 元 金 返 済❷	2,400	600		2,000	2,400	2,600
内 部 資 金 移 動❶		❶1,000				1,000
法　人　税　等	720	180		540	720	720
翌 年 度 繰 越 金	6,592	3,627		2,549	6,592	❻6,176
計❹	❹64,352	❹19,067		❹61,285	❹64,352	❹80,352

職員給与費内訳書（施設別）の合計額と一致させる

賃貸借契約書の税込賃料と合わせる

職員給与費内訳書（施設別）に記載の役員報酬と一致させる

❸事業計画の記載と合わせる

合計は収入予算書と合わせる

㋖ 「㉑事業報告書等一式（直近の事業年度分））「㉒勘定科目内訳
書」

　東京都の場合は直近の事業報告書の写し、勘定科目内訳書の写し
を提出します。他都道府県等では提出しない場合が多いので、説明
は省略します。

㋗ 「㉓登記事項証明書（医療法人）」

　必要な登記（資産総額変更登記、理事長変更登記など）が完了し
ているものを提出します。

㋘ 「㉔医療法人の概要」

　どのような医療法人かという概要を数枚の書面にまとめたもので
す。過去に都道府県等に提出した手続き書類の記載内容と齟齬がな
いように作成する必要があります。

■分院開設の場合

　以下、東京都の記入例（抜粋）を説明します。

■「医療法人の概要」記入例（東京都のＨＰを一部修正）

医 療 法 人 社 団 東 南 会 　概 要

❶設立認可年月日	平成 〇 年 〇 月 〇 日	❷設立登記年月日	平成 〇 年 〇 月 〇 日
❸法人の種類	① □ 財団　　□ 社団（□ 出資持分なし　　　　　　　　　　　　　□ 出資持分あり） ② □ 社会医療法人　　□ 特定医療法人 　　□ 出資額限度法人　　□ その他 （注）該当する欄の□を塗りつぶすこと。		
❹事務所の所在地	〒〇〇〇 - 〇〇〇〇 　東京都大田区大森一丁目 1 番〇号△△ビル〇〇〇号		
❺目　　　的	診療所を経営し、科学的でかつ適正な医療を普及すること		
❻設立代表者	大森 一郎		

理事及び監事	役職	氏名	理事長との続柄	備考
	理事長	大森 一郎	本人	医療法人社団東南会大森〇〇クリニック管理者
	理事	〇〇 〇〇	妻	
	理事	〇〇 〇〇	父	
❼ (追加)	理事	羽田 太郎	知人	❽医療法人社団東南会蒲田〇〇クリニック管理者
	監事	〇〇 〇〇	知人	
	計	5 名		
❾開設している医療施設	医療機関名	医療法人社団東南会　大森〇〇クリニック		
	所在地	〒〇〇〇-〇〇〇〇 東京都大田区大森一丁目1番〇号△△ビル〇〇〇号		
	開設年月日	平成〇年 〇月〇日	病床数	〇床
	管理者名	大森 一郎		
	診療科目	内科、小児科		
❿ (新規)	医療機関名	医療法人社団東南会　蒲田〇〇クリニック		
	所在地	〒〇〇〇-〇〇〇〇 東京都大田区蒲田三丁目3番〇号△△ビル〇〇〇号		
	開設予定年月日	令和5年 9月1日	病床数	〇床
	管理者名	羽田 太郎		
	診療科目	内科、小児科		

❶「設立認可年月日」❷「設立登記年月日」❸「法人の種類」
決算届（事業報告）を参考に記載してください。

❹「事務所の所在地」……主たる事務所の所在地を記載します。

❺「目　的」……医療法人の定款第3条の目的を「診療所を経営
し、科学的でかつ適正な医療を普及すること」
のように記載します。

❻「設立代表者」……医療法人の設立代表者の氏名を記載しま
す。通常、設立当初の理事長（定款の末尾
の附則第1条に記載されています）です。

❼「（追　加）」……理事が追加になるので、「（追　加）」と記載
します。

❽「備　考」……備考欄には、分院の管理者に就任することがわ
かるように記載します。

❾「開設している医療施設」……既存の診療所の情報を記載しま
す。

❿「（新　規）」……「（新　規）」と記載し、分院の情報を記載し
ます。

■移転の場合

　都道府県等にもよりますが、主たる事務所の所在地が移転する場
合は、「事務所の所在地」の部分は、移転前と移転後を2段並記し
て記載する場合が多いです。移転する診療所については、「開設し
ている医療施設等」の部分に、移転前のクリニックを廃止、移転後
のクリニックを新規として記載する場合が多いです。

　以下、東京都の記入例（抜粋）を説明します。

■「医療法人の概要」記入例（東京都のHPを一部修正）

医 療 法 人 社 団 東 南 会　概 要

❶設立認可 　年月日	平成○年○月 ○日	❷設立登記 　年月日	平成○年○月 ○日
❸法人の種類	① □ 財団　　□ 社団（ □ 出資持分なし 　　　　　　　　　　　　　 □ 出資持分あり ） ② □ 社会医療法人　　□ 特定医療法人 　　□ 出資額限度法人　□ その他 （注）該当する欄の□を塗りつぶすこと。		
事務所の所在地	❹（移転前）〒○○○ - ○○○○ **東京都大田区大森一丁目1番○号△△ビル○○○号** ❺（移転後）〒○○○ - ○○○○ **東京都大田区大森二丁目2番○号△△ビル○○○号**		
❻目　　的	**診療所を経営し、科学的でかつ適正な医療を普及 すること**		
❼設立代表者	**大森 一郎**		

理事及び監事	役　　職	氏　　名	理事長との続柄	備　　考
	理 事 長	**大森 一郎**	**本人**	❽**医療法人 社団東南会 大森△△ク リニック 管理者**
	理　　事	○○ ○○	妻	
	理　　事	○○ ○○	父	
	監　　事	○○ ○○		
	計	4　名		

開設している 医 療 施 設 ❾（廃　止）	医療機関名	**医療法人社団東南会　大森○○クリニック**		
	所 在 地	〒○○○ - ○○○○ **東京都大田区大森一丁目1番○号△△ ビル○○○号**		
	開設年月日	平成○年○月○日	病床数	**0 床**

第4章　具体的手続き　175

		管理者名	大森 一郎		
		診療科目	内科、小児科		
❿（新　規）		医療機関名	医療法人社団東南会　大森〇〇クリニック		
		所　在　地	〒〇〇〇 - 〇〇〇〇 東京都大田区大森二丁目2番〇号△△ビル〇〇〇号		
		開設予定 年　月　日	令和5年9月1日	病床数	0床
		管理者名	大森 一郎		
		診療科目	内科、小児科		

❶「設立認可年月日」❷「設立登記年月日」❸「法人の種類」
　決算届（事業報告）を参考に記載してください。

❹「（移転前）」……移転前の主たる事務所の所在地を記載します。

❺「（移転後）」……移転後の主たる事務所の所在地を記載します。

❻「目　的」……医療法人の定款第3条の目的を「診療所を経営
　　　　　　　し、科学的でかつ適正な医療を普及すること」
　　　　　　　のように記載します。

❼「設立代表者」……医療法人の設立代表者の氏名を記載しま
　　　　　　　　　す。通常、設立当初の理事長（定款の末尾
　　　　　　　　　の附則第1条に記載されています）です。

❽「備　考」……備考欄に、移転後の診療所の管理者に就任す
　　　　　　　ることがわかるように記載します。

❾「（廃　止）」……「（廃　止）」と記載し、移転前の診療所の情
　　　　　　　　報を記載します。

❿「（新　規）」……「（新　規）」と記載し、移転後の診療所の情
　　　　　　　　報を記載します。

176　PART Ⅴ　大きなイベント〜分院開設・移転〜

② 分院や移転後の診療所関連の申請書類の作成方法（⑤〜⑭）

　続いて分院や移転後の診療所関連（⑤〜⑭）の書類を、建物関連（⑤〜⑨）と、管理者関連（⑩〜⑭）に分けて解説します。

◆建物関連（⑤〜⑨）◆

　ここでは、無床診療所、いわゆるクリニックを開設する場合を解説します。

㋐「⑤新診療所等の概要」

　診療所の概要は今回開設する診療所を１枚の書面にまとめたものです。178頁の「記載例」に倣って作成します。

❶「名　称」「所在地」……分院や移転後の診療所の名称・所在地を「③新定款の案文」どおりに記載します。手入力は避け、コピー＆ペーストします。

❷「電　話」……決まっていない場合は「未定」と記載して構いません。

❸「所管保健所名」……調べて記載します。

❹「診療科目」……標榜できる科目については、事前に所管の保健所で確認してください。

　　　　　　　　【参考】平成20年４月１日より、医療機関の標榜診療科名の見直しが行われました。標榜できる科目と標榜できない科目があるので、使用の可否を保健所に確認してください。

❺「病床数」……０床と記載します。

❻「管理者」……分院あるいは移転後の診療所の管理者になる先生の氏名、生年月日、（歯科）医籍を記載します。

❼「職　員」……予算書で書いた人数をそのまま記載します。整合性が大切なので、必ず予算書と人数を一致させてください。

第4章　具体的手続き　177

■記載例（東京都のＨＰを一部修正）

〈記載例〉
（様式１７－１）

病院・診療所・介護老人保健施設・介護医療院用

新たに開設しようとする診療所の概要

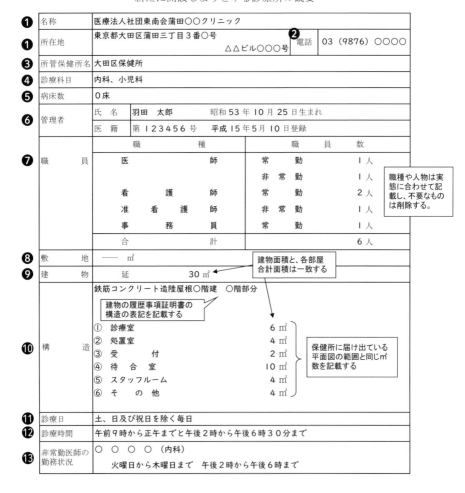

178　PARTⅤ　大きなイベント～分院開設・移転～

❽「敷　地」……敷地の面積を記載します。東京都では、テナントの場合は記載不要なので、「−」とします。

❾「建　物」……診療所部分の延べ面積を記載します。

❿「構　造」……一番上の行には、建物の履歴事項証明書の「② 構造」の表記を記載します。その下は、定款変更認可申請書に添付する図面どおりに室名と㎡数を記載します。各室の㎡数の合計と❾「建物」の面積の差があれば、「その他」として構いません。

⓫「診療日」……記載例に倣って記載してください。予算書の収入内訳との整合性が必要です。

⓬「診療時間」……記載例に倣って記載してください。

⓭「非常勤医師の勤務状況」……非常勤医師がいる場合に記載してください。いなければ、「なし」で構いません。

㋑　「⑥ 周辺の概略図」

Yahoo地図などで該当するところをPDF化したもので問題ありません。

㋒　「⑦平面図」

最初に準備したもの。それぞれ部屋の面積入り図面が必要になります。

㋓　「⑧賃貸借契約書（覚書）の写し」

最初に準備したもの。仮申請時（素案提出時）はドラフトでも問題ありませんが、最終的には押印のある書面が必要です。

㋔　「⑨登記事項証明書（土地・建物）」

テナントの場合は、建物の謄本だけで構いません。平面図は、フロア図も準備したほうがよい場合もあります。

なお、建物が新築の場合、自治体や保健所により、必要書類が異なるので確認が必要です。

【参考】診療所建物が新築の場合の流れ

　新築の場合、建築確認申請をして、建築確認がおりてから着工します。工事が完了すると、建物の検査があり、建物検査済証が発行されます。続いて、建物の表題登記を行い、その後に建物の保存登記を行う流れになります。

建築確認済証→着工→工事完了→建物検査済証・建物表題登記
→建物保存登記

　定款変更の時に提出する書類は都道府県等によってかなり異なります。令和6年5月現在、東京都の場合は建築確認済証のみで問題ありません。

　神奈川県は、建物検査済証等が必要になりますが、素案提出時に必要ということではありません。素案提出時には建築確認済証を提出、検査済証等が準備でき次第、それを神奈川県庁に送り、認可を受けるという流れになります。

◆管理者関連（⑩〜⑭）◆

㋕ 「⑩ 管理者就任承諾書」（182頁）

　各都道府県等の様式や記載例に従って作成します。

㋖ 「⑪ 医師（歯科医師）免許証の写し」

　都道府県等によっては、臨床研修修了登録証の写しも必要です。

㋗ 「⑫ 履歴書」（183頁）

　必ず各都道府県等の様式や記載例に従って作成します。

　特に、賞罰欄は、都道府県等によって記載例が異なるので、注意が必要です。

㋘ 「⑬ 新役員の役員就任承諾書」（184頁）

■分院開設の場合

　各都道府県等の様式や記載例に従って作成します。

■移転の場合

通常、移転前の管理者がそのまま移転後の管理者に就任するため、不要です。

㋙ 「⑭ 印鑑登録証明書」

印鑑証明書の原本1通が必要になります。印鑑登録をしていない人もいますので、早めに手配しましょう。なお、移転の場合は、担当者の判断で、不要な場合があります。

■「管理者就任承諾書」様式例（東京都のＨＰを一部修正）

令和〇年〇月〇日

医療法人社団**東南会**
理事長　　**大森　一郎**　殿

氏名　　**羽田　太郎**　　実印

管理者就任承諾書

　令和〇年〇月〇日開催の医療法人社団**東南会**の社員総会において、医療法人社団**東南会**が開設しようとする医療法人社団**東南会　蒲田〇〇クリニック**の管理者に選任され、その就任を承諾します。

（注）実印で押印してください。

（添付書類）
　　医師（歯科医師）免許証の写し

■「履歴書」記載例（東京都のＨＰを一部修正）

〈記載例〉

履 歴 書

住　　　　所　東京都新宿区西新宿二丁目８番○号

氏　　　　名　東　　　京　　　太

> 印鑑登録証明書と一字一句
> 合うように記載する

生年月日　昭和53年10月25日

学　　　歴　平成６年４月～平成９年３月　東京都立○○高校

　　　　　　平成９年４月～平成15年３月　○○大学医学部

　　　　　　平成15年５月　　　　　　　第500回医師国家試験に合格

　　　　　　（医籍　123456　号　平成15年５月10日登録）

> 始期と終期がわかるように記載する

職　　　歴　平成15年４月～平成21年７月　○○大学病院内科医局

　　　　　　　　　　　　　　　　　　　　勤務

　　　　　　平成21年８月～　　東京都千代田区丸の内３－５－○

　　　　　　　　　　　　　　　東西ビル202号で西北クリニック開設

　　　　　　平成22年４月～　　　　千代田区医師会加入

　　　　　　平成23年４月～　　　　株式会社○○取締役

　　　　　　　　　　　　　　　　　　　　現在に至る。

> 兼務する営利法人等がある場合、法
> 人名や役職名を記載する。

賞　　　罰　な　　し

　　※医療法第４６条の５第５項が準用する第４６条の４第２項
　の役員欠格事由には該当しておりません。

> 根拠条文を削らずに、必ずこの一文
> どおりに記載する。

　以上のとおり相違ありません。

　　令和 ○ 年 ○ 月 ○ 日

　　　　　　　　　　氏　名　東　　　京　　　太　　実印

第４章　具体的手続き　183

■「役員就任承諾書」記載例（東京都のＨＰを一部修正）

〈記載例〉

令和○○年○○月○○日

医療法人社団○○
　理事長　○○　○○　殿

印鑑登録証明書と一字一句合わせる

　　　　　　　　住所　東京都○○区○○一丁目２番３号
　　　　　　　　氏名　○○　○○　　実印

　　　　　　役　員　就　任　承　諾　書

私は医療法人社団○○の理事に就任することを承諾します。

（注）実印で押印してください。

⑸　申請書類作成後の流れ

　申請書類作成後の一般的な流れについて、解説します。なお、①
から⑤まで、通常３カ月ほど要します。

①素案提出→②事前審査→③本申請準備（押印手配など）→④
本申請→⑤認可

　定款変更認可申請の素案を一通り作成次第、都道府県等に郵送等
で提出します。数日後、担当者から連絡がくるので、指示に従い書
類の補正を行います。数回のやりとりを経て事前審査が完了し、本
申請を進めるように連絡があります。押印の手配や書類の整備をし
て、本申請をします。そして、本申請後、約２週間程度で認可がお
ります。

それぞれの段階について詳しく説明します。

① 素案提出

定款変更認可申請の素案を一通り作成次第、提出分と自身の控え用に、2セット印刷し、うち1セットを都道府県等に郵送等で提出します。書類の補正の指示があるので、申請書一式のデータはもちろんですが、紙ベースでも必ず印刷して手元に残しておいてください。

② 事前審査

素案を提出すると、数日後に、メールや電話等で担当者から修正依頼の連絡があります。迅速に修正して提出してください。場合によっては、全く修正の必要がない場合もありますが、修正点が多い場合は5回程度やりとりを経て事前審査が完了します。

③ 本申請準備（押印手配など）

事前審査が完了すると、本申請の指示があるので本申請の準備に入ります。

本申請では、証明書類の原本、書類の押印等が必要になるので、その準備をします。都道府県等のホームページに本申請の方法が記載されていますが、わからない場合は、電話で都道府県等に確認します。

なお、押印の手配の際は、必要部数の倍の部数を準備しておくとよいでしょう。差し替えがあった際に便利です。また、押印時には必ず捨て印ももらうようにしてください。

④ 本申請

都道府県等の指示どおりに、本申請をします。提出部数や提出先に注意しましょう。

⑤ 認 可

本申請後、約2週間程度で認可がおります。担当者から連絡があるので、認可書の受取りに出向きます。遠方の場合は、本申請時に返信用封筒（レターパックプラス）を同封しておけば、郵送で受領

することも可能です。

2 登記申請

■分院開設の場合

■分院開設：標準的フローチャート

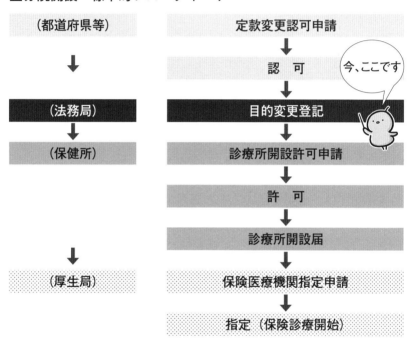

■移転の場合

■ 診療所移転：標準的フローチャート

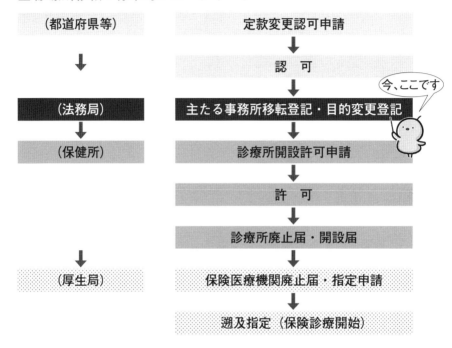

　定款変更の認可がおり次第、法務局に目的変更登記の（移転の場合は主たる事務所移転登記も）申請をします。定款変更事前審査が完了する頃には、定款変更の本申請の準備を進めるのと同時並行で、司法書士の手配もしましょう。

　認可書の原本を受領したら、登記が完了するまで、司法書士にいったん預けます。登記申請の際、必要となるためです。通常登記申請から登記完了まで、1～2週間かかります。

　司法書士に依頼しない場合は、お近くの法務局に問合せのうえで準備をします。（https://houmukyoku.moj.go.jp/homu/static/kakukyoku_index.html）

なお、登記関連で保健所に事前確認することは、下記の2点です。

① 認可書の原本提示

保健所によっては、認可書の原本提示が必要な場合があります。その場合は、司法書士に認可書を渡す前に、保健所で認可書の原本提示を済ませてから、司法書士に渡すようにしてください。

② 医療法人の全部事項証明書（以下、法人謄本）

保健所には、原則、変更登記完了後の法人謄本（完了謄本）を提出することになります。つまり、変更登記が完了し、新しい分院が追加された法人謄本（移転の場合は、主たる事務所と診療所の移転の登記が完了した法人謄本）を添付し、保健所に診療所開設許可申請をするのです。

ただ、登記申請から登記完了まで通常1〜2週間かかるので、登記完了を待っていると予定どおりのスケジュールで診療所開設あるいは移転ができない場合があります。その場合は、登記申請の「受付のお知らせ」等で対応してもらえる場合があります。保健所によって取扱いが異なるので、事前に確認が必要です。

「受付のお知らせ」等で対応可能な場合は、定款変更認可がおり次第、認可書の原本を司法書士に渡し登記申請を進めてもらい、「受付のお知らせ」という書類のデータを送信してもらいます。それを、保健所に提出すれば診療所許可申請が可能な場合が多いです。保健所によって取扱いが異なるので、確認してください。

■移転の場合

移転の場合、登記完了までの日数は、主たる事務所の移転が伴うため、予想以上に日数がかかる場合もあります。余裕をもって移転の準備を進めましょう。また、登記が完了次第、保健所と厚生局に、移転前の診療所の主たる事務所の変更届を提出してください。原則として、定款変更の認可がおりて認可書を受領すると、その日を以て、主たる事務所は移転するためです。

そして、保健所や厚生局に廃止届を提出する時には、医療法人の

主たる事務所の所在地は、移転後の所在地で提出することになります。なお、他の方法もありますが、手続きが複雑になるため、本書では触れません。

　ここまで、医療法人が分院を開設する場合と、主たる事務所と診療所が移転する場合の、概要と定款変更認可申請、目的変更登記について説明しました。この後は、保健所と厚生局、そして、その他手続きについて解説します。

③　保健所手続き

■分院開設の場合

■分院開設：標準的フローチャート

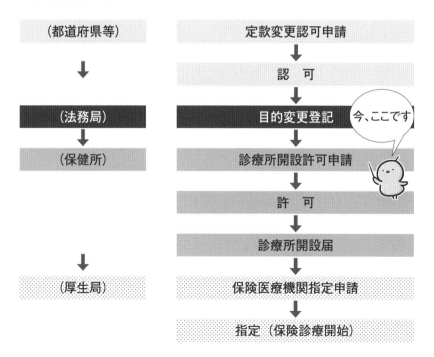

■移転の場合

■ 診療所移転：標準的フローチャート

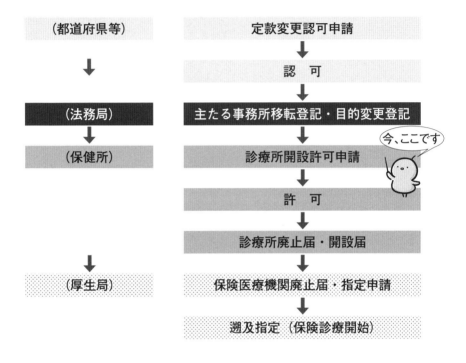

次に、保健所手続きの解説をします。

定款変更認可がおり次第、司法書士が登記申請を行い、その後に分院あるいは移転先診療所の所在地を管轄する保健所で手続きを行います。

なお、本書では、診療所開設許可申請後に実地検査があるという一般的な流れで解説します。

(1) 保健所と厚生局手続きの流れ

■分院開設の場合

■8月中旬に許可申請をして、9月上旬に診療所開設、10月1日保険診療開始の場合

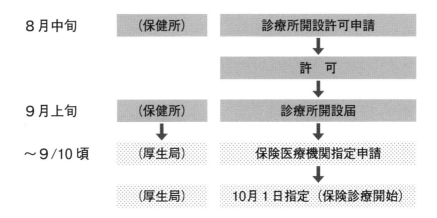

　全くゼロからクリニックを立ち上げる場合、厚生局に毎月の締切日までに指定申請をすると、翌月1日から保険診療が可能になります。この締切日は、各厚生局事務所によって異なるので、十分な事前確認が必要です。

　このフローチャートの例では、8月中旬に診療所開設許可申請をして許可がおり、9月1日付けで保健所に診療所開設届を提出、9月10日頃までに、厚生局に保険医療機関の指定申請をして、翌月10月1日から保険診療ができるという流れになります。

　厚生局の手続きは毎月の締切が定められています。このタイミングを逃すと翌月の締切での申請となり、保険医療機関の指定が1カ月遅れます。予定どおりにクリニックをオープンするためには、厚生局の締切に間に合うよう、余裕をもって準備をしてください。

■ **移転の場合**

■ 8月中旬に許可申請をして、9月1日移転、9月1日保険診療開始（遡及指定）

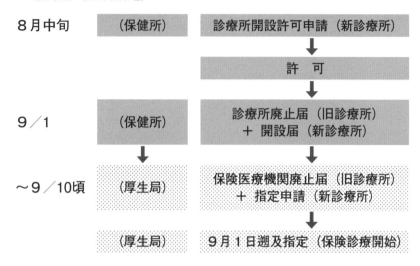

　移転の場合のフローチャートを確認しましょう。

　8月の中旬に保健所に診療所開設許可申請をして許可がおりたら、同じく保健所に8月31日付で（旧診療所の）診療所廃止届と9月1日付けで（新診療所の）診療所開設届を提出します。

　続いて、9月10日頃までに厚生局に保険医療機関の指定申請をし、9月1日から新診療所で保険診療開始という流れになります。

　厚生局の手続きは毎月の締切が定められています。このタイミングを逃すと翌月の締切での申請となります。この締切日は、各厚生局事務所によって異なるので、事前に確認しましょう。

　なお、9月1日移転であれば、廃止の日は8月31日、開設日は9月1日として、書類を作成します。月の途中で移転とすると、月の前半と後半で、医療機関コードが変わってしまうため非常に煩雑になります。必ず、末日廃止、1日開設というように1日付で移転するようにしてください。

⑵　原本確認

　後述の診療所開設許可申請や診療所開設届では、医師免許証や賃貸借契約書等の写しを提出しますが、原本と相違ないことを確認するため、原本の提示が必要となる場合があります。

　まずどういった書類の原本を準備しておく必要があるか、また、それをいつ原本提示すればよいかの2点について、早めに保健所に確認してください。原本提示ができなかったばかりに、クリニックのオープンが間に合わないというようなこともありえますので、注意が必要です。

　原本提示の時期としては、次の2とおりがあります。

・実地検査の際、原本を準備しておいて原本確認をしてもらう。

・実地検査の際では不可のため、事前に（診療所開設許可申請の際などに）原本を保健所に持参して、原本確認をしてもらう。

【原本提示が必要なもの（例）】

①　（歯科）医師免許証・臨床研修修了登録証

　通常、原本提示が必要です。

　臨床研修修了登録証は、医師の場合は平成16年4月、歯科医師の場合は平成18年4月以降に登録した医師が該当します。まれに登録申請をしていない医師もいるので、早めに手配してください。

②　賃貸借契約書関連

　写しの提出のみで問題ない保健所もありますが、原本提示が必要な保健所もまだまだ多くあります。

③　定款変更認可書

　まれに、定款変更認可書の原本を提示しなければならない保健所があります。日程がそれほどタイトでない場合は、登記が完了すると司法書士から認可書が戻ってくるので、その後提示すれば問題ありません。日程がタイトな場合は、認可がおり次第、保健所に認可書を提示しに行き、その後司法書士に書面を渡すという段取りにな

ります。

　うっかり司法書士に認可書の原本を渡してしまい、保健所の手続きができないということにならないように注意してください。認可書の原本提示が必要かどうかについては、早めに保健所に確認してください。

⑶　押印の要否

　今は時代の流れで押印はかなり不要になってきています。しかし、まだまだ押印が必要な保健所もあります。後述する厚生局は基本的に押印がなくて問題ありませんが、書類によっては必要という場合もあります。早めに保健所と厚生局に押印が必要な書面を確認し、手配を進めましょう。

⑷　提出するもの及び様式

・通常、各保健所のホームページに提出するものや様式が掲載されています。県によっては、様式が統一されている場合もあります。所定のものをダウンロードして使用します。掲載されていない場合は、保健所の窓口に出向いたり、メールで送信してもらうなどして入手します。
・個人開設と法人開設の様式があるので、「法人開設」の様式を使用します。

　「医師及び歯科医師でないものが開設する場合」や「非医師開設」は、「法人開設」と同義です。
・医科と歯科で別の様式の場合は、該当するほうを使用します。

■提出するもの一覧：大田区保健所の例(大田区保健所のHPより)

〈診療所開設許可〉

提出書類		部数	記　載　上　の　注　意
診療所開設許可申請書		2	診療所と歯科診療所では様式が異なります。
手数料		2	現金　19,000円
添付書類	法人の定款（写）	2	医療法人の場合は、開設許可を受けようとする診療所が記載されていること等を確認します。
	法人の登記事項証明書（履歴事項全部証明書）	2	医療法人の場合は目的欄に、開設許可を受けようとする診療所が記載されていることを確認します。 2通のうち1通は写しでもかまいません。（発行後6ヶ月以内のもの）
	土地の登記事項証明書	2	2通のうち1通は写しでもかまいません。（発行後6ヶ月以内のもの）
	建物の登記事項証明書	2	2通のうち1通は写しでもかまいません。（発行後6ヶ月以内のもの）
	賃貸借契約書の写し	2	土地又は建物を賃借する場合は、賃貸借契約書の写しを添付して下さい。転貸の場合は、所有者の転貸に関する承諾書又は同意書が必要です。
	敷地周辺見取図・案内図	2	道路と建物の位置関係がわかるもの・最寄り駅等から診療所までがわかるものを付けて下さい。
	敷地の平面図	2	ビル内診療所の場合は、当該診療所が所在する全体の平面図です。
	建物の平面図	2	ベッド、機器類の配置、各室の用途と面積、外気開放部の位置、換気装置の位置、手洗い設備の位置、消毒設備の位置を記入して下さい。

第4章　具体的手続き　195

	提出書類	部数	記載上の注意
	エックス線備付届	2	エックス線診察室放射線防護図（平面立面図）を添付し、壁及び鉛の厚さを記入して下さい。 漏えい放射線測定結果報告書の写しを添付して下さい。

〈開設届〉

	提出書類	部数	記載上の注意
	診療所・歯科診療所開設届	2	
添付書類	開設者（管理者）の医師・歯科医師の免許証写し・臨床研修修了登録証の写し（注）	2	写しと共に免許証、登録証の原本も提示して下さい。
	開設者（管理者）の職歴書	2	現住所、氏名、生年月日、最終学歴及び職歴を記載して下さい。
	・診療に従事する医師〈歯科医師〉の免許証の写し・臨床研修終了登録証の写し（注） ・医療従事者（免許職種）の免許証の写し	2	

注）・H16・4・1以降に医師免許取得 ｝ した場合、臨床研修修了登録証
　　・H18・4・1以降に歯科医師免許取得 ｝ の写しが必要です。

大田区保健所生活衛生課医薬担当
〒143-0015 大田区大森西1-12-1 大森地域庁舎6 階
TEL 03-5764-0692 FAX 03-5764-0711

【参考】医療法第7条第1項

> 病院を開設しようとするとき、医師法（略）第16条の6第1項の規定による登録を受けた者（略）及び歯科医師法（略）第16条の4第1項の規定による登録を受けた者（略）でない者が診療所を開設しようとするとき、又は助産師（略）でない者が助産所を開設しようとするときは、開設地の都道府県知事（略）の許可を受けなければならない。

　医療法第7条では医師及び歯科医師でないものが診療所を開設しようとするときという表現で記載されていますが、医療法人はこれに該当します。個人開設ではないということです。保健所によっては「個人開設」「法人開設」という表現で掲載している保健所もあります。

　一方、「法人開設」をこのように「医師及び歯科医師でないもの」という表現や、「非医師の場合」という表現をしているホームページもあります。様式を探すときは、このような表現が使用されることがあることを覚えておきましょう。もしわからなければ、保健所に問い合わせましょう。

⑸　必要部数

　保健所の手続き書類は4セット作成します。医療法人以外の方（行政書士など）が手続きをする場合は、さらに1セット作成しておきます。内訳は1部目は保健所提出用、2部目は法人控え用、3部目は業者等への提出用予備、4部目が厚生局提出用、5部目が医療法人以外の方（行政書士など）用の控えです。後からセットを増やすのは手間がかかるので、最初に4セット（または5セット）を用意しましょう。

　特に、4部目の厚生局提出用を準備しておくことが重要です。厚

生局では、保健所に出した全書類の控えが必要になる場合が多いためです。

⑹ 具体的手続き

保健所の具体的手続きについて、下記の順に解説します。

■分院開設の場合

①診療所開設許可申請
　■診療所開設許可申請書の記載例（医科の場合）
　■歯科診療所開設許可申請書の記載例（歯科の場合）
②実地検査
③診療所開設届
④エックス線装置備付届

■移転の場合

①　診療所開設許可申請
　■診療所開設許可申請書の記載例（医科の場合）
　■歯科診療所開設許可申請書の記載例（歯科の場合）
②　実地検査
③　診療所廃止届（旧診療所）・診療所開設届（新診療所）
④　エックス線装置廃止届（旧診療所）・備付届（新診療所）

①　診療所開設許可申請

診療所開設許可申請は、診療所開設日あるいは移転日の約2週間前までにしてください。例えば9月1日開設あるいは移転であれば、8月中旬までに申請してください。

㋐　流　れ

定款変更認可申請の事前審査が完了し、申請内容が固まるころには、保健所に相談をしましょう。そして、定款変更認可がおり、登記申請後、速やかに保健所の窓口で診療所開設許可申請を行います（予約が必要な場合が多いです）。

198　PART Ⅴ　大きなイベント～分院開設・移転～

開設許可申請手数料（2万円前後）がかかるので、現金を持参してください。

(イ) 書類の作成方法

診療所開設許可申請書と、添付書類（申請書の末尾や、ＨＰに記載されています）を提出します。本書では、大田区保健所の診療所開設許可申請書の様式に沿って解説します。

医科の場合は、「診療所開設許可申請書（医科の場合）」、歯科の場合は、「歯科診療所開設許可申請書（歯科の場合）」の様式で作成してください。

■診療所開設許可申請書の記載例（医科の場合）（大田区保健所のHPを一部修正）

■分院開設の場合

第1号様式（第1条関係）
（第1片）　　　　　　　　　　　　　　　　（表）

令和○○年　○月　○日

（宛先）大田区保健所長

住　　所　　**大田区大森一丁目I番○号　△△ビル○○○号**

開設者　　氏　　名　　**医療法人社団東南会**
理事長　大　森　一　郎

電　話　番　号　　**03（1234）○○○○**

ファクシミリ番号　　**03（1234）○○○○**

〔法人にあっては、名称、主たる
事務所の所在地及び代表者の氏名〕

診 療 所 開 設 許 可 申 請 書

診療所の開設の許可を受けたいので、医療法第7条第1項の規定により、
下記のとおり申請します。

記

1　名　　　　称	**医療法人社団東南会　蒲田△△クリニック**
2　開 設 の 場 所	**大田区蒲田三丁目3番○号　△△ビル○○○号** 電　話　番　号　**03（9876）○○○○** ファクシミリ番号　**03（9876）○○○○**
3　診　療　科　目	**内科、小児科**
4　開 設 の 目 的	**科学的でかつ適正な医療を普及すること**
5　維 持 の 方 法	**保険診療報酬による**
6　開 設 予 定 年 月	**令 和 5 年 9 月**　　（上）・ 中 ・ 下　旬

7　従 事 者 定 員

医師	薬剤師	看護師	准看護師	助産師	診療放射線（エックス線）技師	看護補助	事務員		歯科医師	歯科衛生士	歯科技工士		計
2名	名	**1**名	名	名	名	名	名	名	名	名	名	名	**3**名

200　　PART Ⅴ　大きなイベント～分院開設・移転～

■分院開設の場合

（第1片）　　　　　　　　　　　（裏）

8　敷地の面積	○○○.○ ㎡（平面図は、別添のとおり）

9　交通機関及び敷地周囲の見取図

交　通　機　関	JR京浜東北　線　蒲田　駅下車　東　口徒歩　15分
	駅　　　口からバス（　　　　　行）下車徒歩　　　分

敷地の条件	用途地域	○○○地域	防火地域	○○○地域
見　　取　　図	別添のとおり			

10　建物の構造概要及び平面図

建 物 別 名 称	構　　　　造　　　概　　　　要	建築面積	延面積
△△ビル	鉄筋コンクリート 造　3　階建て	○○○.○ ㎡	○○○.○ ㎡
	造　　　階建て	㎡	㎡

住宅と併設の場合又はビルディングの一部を使用する場合

住　宅　と　併　設　の　場　合	造　　階建てのうち　　階　　㎡使用
ビルディングの一部を使用する場合	鉄筋コンクリート造　3　階建てのうち　　　3 階 ○ 号室 ○○.○　㎡使用
平　　　　面　　　　図	別添のとおり

11　廊下の幅

建 物 別 名 称	片 側 廊 下	中　廊　下	建 物 別 名 称	片 側 廊 下	中　廊　下
	m	○.○ m		m	m
	m	m		m	m

第4章　具体的手続き　201

■移転の場合

第1号様式（第1条関係）
（第1片）　　　　　　　　　　　　　　　　（表）

令和〇〇年〇〇月〇〇日

（宛先）大田区保健所長

住　所	大田区大森二丁目2番〇号　△△ビル〇〇〇号
開設者　氏　名	医療法人社団東南会
	理事長 大 森 一 郎
電 話 番 号	03（1234）〇〇〇〇
ファクシミリ番号	03（1234）〇〇〇〇

〔法人にあっては、名称、主たる
事務所の所在地及び代表者の氏名〕

診 療 所 開 設 許 可 申 請 書

診療所の開設の許可を受けたいので、医療法第7条第1項の規定により、

下記のとおり申請します。

記

1　名　　　　称	医療法人社団東南会　大森△△クリニック
2　開 設 の 場 所	大田区**大森二丁目2番〇号　△△ビル〇〇〇号** 電 話 番 号　03（1234）〇〇〇〇 ファクシミリ番号　03（1234）〇〇〇〇
3　診 療 科 目	内科、小児科
4　開 設 の 目 的	科学的でかつ適正な医療を普及すること
5　維 持 の 方 法	保険診療報酬による
6　開 設 予 定 年 月	令 和 **5** 年 **9** 月　　（上）・ 中 ・ 下 旬

7　従 事 者 定 員

医師	薬剤師	看護師	准看護師	助産師	診療放射線（エックス線）技師	看護補助	事務員		歯科医師	歯科衛生士	歯科技工士		計
2名	名	**1**名	名	名	名	名	名	名	名	名	名	名	**3**名

■移転の場合

（第1片）　　　　　　　　　　　　　　（裏）

8　敷地の面積	○○○.○　㎡（平面図は、別添のとおり）

9　交通機関及び敷地周囲の見取図

交 通 機 関	JR京浜東北　線　**大森**　駅下車　**東**　口徒歩　**15**分
	駅　　　　口からバス（　　　　　　　行）下車徒歩　　　　分

敷 地 の 条 件	用途地域	○○○**地域**	防火地域	○○○**地域**

見 　 取 　 図	別添のとおり

10　建物の構造概要及び平面図

建 物 別 名 称	構　　　造　　　概　　　要	建 築 面 積	延 面 積
△△ビル	**鉄筋コンクリート**造　**3**　階建て	○○○.○ ㎡	○○○.○ ㎡
	造　　　　階建て	㎡	㎡

住宅と併設の場合又はビルディングの一部を使用する場合

住 宅 と 併 設 の 場 合	造　　　階建てのうち　　　階　　　㎡使用
ビルディングの一部を使用する場合	**鉄筋コンクリート**造　**3**　階建てのうち **2**階　○　号室　○○.○　㎡使用
平　　　　面　　　　図	別添のとおり

11　廊下の幅

建 物 別 名 称	片 側 廊 下	中　　廊　　下	建 物 別 名 称	片 側 廊 下	中　　廊　　下
	m	○.○ m		m	m
	m	m		m	m

※ここからは ■分院開設 ■移転 共通です。

（第2片）　　　　　　　　　　　　（表）

12　2階以上に病室を有する建物別の階段数及びその構造

建　物　別 の　名　称	患　者　の　使　用　す　る　屋　内　直　通　階　段						病 室 の あ る 最 上 階	避 難 階 段 の　数	備　考
	用途	幅	踊り場 の　幅	け上げ	踏面	手すり の有無			
		m	m	c m	c m		階	階 か ま ら で 地 箇 上 所	
		m	m	c m	c m				
		m	m	c m	c m		階	階 か ま ら で 地 箇 上 所	
		m	m	c m	c m				

エレベーターの有無	有　・　無

13　病室の構造概要　　　　　　室　　床

棟別	階別	病室 番号	病床 種別	一室の 病床数	一室の 床面積	一人当た り床面積	一室の 採光面積	一室の 直接外気 開放面積	天井の 高さ	換気の 方法
	階			床	㎡	㎡	㎡	㎡	㎡	
	階			床	㎡	㎡	㎡	㎡	㎡	
	階			床	㎡	㎡	㎡	㎡	㎡	
	階			床	㎡	㎡	㎡	㎡	㎡	
	階			床	㎡	㎡	㎡	㎡	㎡	
	階			床	㎡	㎡	㎡	㎡	㎡	
	階			床	㎡	㎡	㎡	㎡	㎡	

14　診　察　室

診察室名	室　面　積	処置室兼用の場合 は、その部分の面積	診察室名	室　面　積	処置室兼用の場合 は、その部分の面積
内　科	○○.○ ㎡	㎡	皮膚　科	○○.○ ㎡	㎡
科	㎡	㎡	科	㎡	㎡

15　処置室（診察室兼用の場合を除く。）

処　置　室　名	室　　面　　積	処　置　室　名	室　　面　　積
外科処置室　科	○.○ ㎡	科	㎡

（第2片）　　　　　　　　　　　　　　　（裏）

16　歯科治療室

室　面　積	治　療　い　す	防　火　設　備	その他必要な設備
㎡	台		

17　歯科技工室

室　面　積	防じん設備	防　火　設　備	その他必要な設備
㎡			

18　検　査　室

名　　　　　称	室　面　積	防火設備	検査器具、器械等
臨床検査室	㎡		
	㎡		

19　調　剤　所

室　面　積	かぎのかかる貯蔵設備	冷暗所の有　　　無	備付けてんびん	備　　　　考
○.○　㎡	**麻薬金庫**	**有り**	10mg　　　台 感量 500mg　　台 mg　　　台	

20　手術室及び準備室

区　　　分	面　積	構　　　　造　　　　設　　　　備						簡単な手洗い設　　　備
		手術台	床	壁	天井	照明	暖房	
手　術　室	㎡	台						
準　備　室	㎡							
その他の施設								

21　分べん室及び新生児入浴施設

分べん室

室　面　積	㎡	構造設備	

新生児入浴室

室　面　積	㎡	構造設備	

（第3片）　　　　　　　　　　　　　（裏）

22　エックス線装置及び診療室

開設時設置予定のエックス線装置

固定、携帯の別	用　途	製作者名及び型式
固　定	**一　般**	㈱○○○○○　××-××-×××

エックス診療室

室　面　積	室内の構造概要	操作室の面積	暗　　室	
			面　積	設　備
○○.○　㎡	**1.5mm鉛合板**	○.○　㎡	㎡	㎡
㎡		㎡	㎡	

23　その他の施設

看護師勤務室	階　　　　　㎡	待　合　室	○○.○　㎡
事　務　室	○○.○　㎡	消 毒 施 設	㎡
スタッフルーム	○○.○　㎡	**受　付**	○○.○　㎡

24　建　築　確　認	**令和○○年** ○ 月 ○ 日　　　　第○○○○号

25　添　付　書　類

1)開設者が法人であるときは、定款、寄附行為又は条例及び登記事項証明書

2)土地及び建物の登記事項証明書（土地又は建物を賃借する場合は、賃貸借契約書の写しも
　添付すること。）

3)敷地の平面図

4)敷地周囲の見取図

5)建物の平面図（縮尺１００分の１以上のもの）

6)エックス線診療室放射線防護図（平面図及び立面図。縮尺５０分の１のものとし、壁
　及び鉛の厚さを記入すること。）

7)案内図

主に、クリニックの構造設備に関する情報（診療所建物や各室の面積、レントゲンなど）を記入する書類です。

　各項目を上から順に解説します。

・「開設者」

　住所……医療法人の主たる事務所の所在地を記載します。

　氏名……医療法人社団○○会　理事長○○○○と記載します。

　電話番号、ファクシミリ番号……医療法人の電話番号とFAX番号を記載します。

・「1　名称」

　今回定款に追加した診療所名や移転後の診療所名を、そのままコピー＆ペーストします（手入力は避けてください）。

・「2　開設の場所」

　こちらも、定款の記載どおりに記載する必要があるので、定款の分院や移転後の診療所の所在地をコピー＆ペーストします（手入力は避けてください）。分院や移転先の電話番号やFAX番号ですが、許可申請の時点で未定の場合は空欄でも申請はできる場合が多いです。しかし、後述の診療所開設届の際には記載が必須です。

・「3　診療科目」

　平成20年4月1日より、医療機関の標榜診療科名の見直しが行われました。見直し後は、様々な診療科名の組合せが考えられます。事前に保健所に確認をしてください。

・「4　開設の目的」

　定款第3条の文言を記載します。通常、「科学的でかつ適正な医療を普及するため」のように記載します。

・「5　維持の方法」

　「診療報酬による」のように記載します。

・「6　開設予定年月」

　■分院開設の場合　　8月中旬に許可申請、9月上旬に開設という予定なので、令和5年9月上旬と記載します。

■**移転の場合**　8月中旬に許可申請、9月1日に移転（開設）という予定なので、令和5年9月上旬と記載します。

・「7　従事者定員」

　ここの欄は職種別に分院の従業員の定員を記載します。人数の記載方法は保健所によって異なります。実際の人数を記載する保健所と、定員なので将来の増員を見込んだ人数を記載する保健所があるので、事前に保健所に確認してください。

・「8　敷地の面積」

　クリニックの土地の全部事項証明書の面積を記載します。土地が複数筆ある場合（複数の土地の上に建物がある場合）は、その合計の面積を記載します。

・「9　交通機関及び敷地周囲の見取図」

　交通機関……最寄り駅からのアクセスを記載します。

　敷地の条件……用途地域は「近隣商業地域」、防火地域は「準防火地域」のように記載します。役所のホームページで調べられます。

　見取図……後述の添付書類「25　添付書類4）敷地周囲の見取図」を指すので、「別添のとおり」と記載します。

・「10　建物の構造概要及び平面図」

　建物別名称……ビル名があれば、それを記載します。定款の診療所の所在地にビル名が入っている場合は、その名称を記載します。

　構造概要……建物の全部事項証明書の「②構造」の部分をそのまま記載します。例えば、「鉄筋コンクリート造陸屋根地下1階付3階建」のように記載します。

　建築面積……建物の全部事項証明書に記載されている建物の各階数のうち、一番広い面積を記載します。通常1階の面積を記載しますが、保健所により多少取扱いが異なります。

延面積……建物の全部事項証明書の「③床面積」のすべての階数
　　　　　　　の合計面積を記載します。
・「住宅と併設の場合又はビルディングの一部を使用する場合」
　　住宅と併設の場合……建物が自宅兼診療所の場合は、「木造4階
　　　　　　　　　　　　建てのうち、1階100㎡使用」のように記
　　　　　　　　　　　　載します。住宅と併設でない場合は空欄で
　　　　　　　　　　　　構いません。
　　ビルの一部を使用する場合……テナントの場合はこちらに記載し
　　　　　　　　　　　　　　　　ます。「鉄筋コンクリート造陸屋
　　　　　　　　　　　　　　　　根地下1階付3階建のうち2階
　　　　　　　　　　　　　　　　203号室90.15㎡」のように記載
　　　　　　　　　　　　　　　　します。
・「平面図」
　　後述の添付書類「25　添付書類　5）建物の平面図（縮尺100分
　の1以上のもの）」を指すので、「別添のとおり」と記載します。
・「11　廊下の幅」〜「13　病室の構造概要」
　　有床診療所の場合のみ記載する項目なので、記載不要です。
・「14　診療室」〜「21　分べん室及び新生児入浴施設」
　　該当する室がある場合は、図面どおりに、室名と面積を記載しま
　す。
・「22　エックス線装置及び診療室」
　　開設時設置予定のエックス線装置について記載します。
　　固定、携帯の別……「固定」または「携帯」と記載します。訪問
　　　　　　　　　　　診療で使用するポータブルエックス線装置
　　　　　　　　　　　は、「携帯」になります。
　　用途……医科であれば「一般」「ＣＴ」、歯科であれば「歯科用
　　　　　　（パノラマ）」「歯科用（デンタル）」のように記載しま
　　　　　　す。
　　製作者名及び型式……事前にレントゲン業者に確認して記載しま

第4章　具体的手続き　209

す。

エックス線診療室……事前にレントゲン業者から「エックス線診療室放射線防護図」を取り寄せ、図面どおり記載します。

・「23　その他の施設」

該当する室がある場合は、図面どおりに、室名と面積を記載します。書き切れない場合は、別紙などに記載しても構いません。

・「24　建築確認」

建築確認済証に記載してある建築確認番号を記載します。建築確認済証がない場合は、役所の建築審査課などで調べます。

・「25　添付書類」

1）定款及び登記事項証明書（開設者が法人であるときは、定款、寄附行為又は条例及び登記事項証明書）

定款……開設者が社団医療法人の場合は、定款（変更後の定款）を提出します（寄附行為は財団の場合）。原本証明が必要な場合があるので、保健所に確認してください。

登記事項証明書……分院が追加された新しい謄本（完了謄本）あるいは移転の登記完了後の新しい謄本（完了謄本）を提出します。登記申請から登記完了まで1〜2週間程度かかるため、完了謄本を提出できない場合があります。その場合は、登記申請の「受付のお知らせ」等で対応可能な場合があります。保健所によって取扱いが異なるので、事前に確認が必要です（「2　登記申請」参照）。

2）土地及び建物の登記事項証明書（土地又は建物を賃借する場合は、賃貸借契約書の写しも添付すること）

土地及び建物の登記事項証明書……法務局で取得します。

土地又は建物を賃借する場合は、賃貸借契約書の写し……原本提示が必要な保健所も多くあります。原本提示が必要なタイミングは様々ですが、実地検査の際に提示すればよい保健所もあります。事前に確認し、原本を準備しておいてください。

３）敷地の平面図

４）敷地周囲の見取図

５）建物の平面図（縮尺100分の１以上のもの）

　各室の面積の記載がある診療所の図面（レイアウト図面）です。この図面と後述の実地検査時の状態が一致していないと許可がおりないので、最新の図面を提出してください。

６）エックス線診療室放射線防護図（平面図及び立面図。縮尺50分の１のものとし、壁及び鉛の厚さを記入すること。）

　エックス線業者から取り寄せてください。

７）案内図

　Yahoo 地図等を印刷したもので構いません。

以上が、診療所開設許可申請書の作成方法です。

■歯科診療所開設許可申請書の記載例（歯科の場合）（大田区保健所のＨＰを一部修正）

　主に、クリニックの構造設備に関する情報（診療所建物や各室の面積、レントゲンなど）を記入する書類です。

■歯科診療所開設許可申請書の記載例（歯科の場合）

■分院開設の場合

第2号様式（第1条第2号関係）

（第1片）　　　　　　　　　　　　　　　　　　　（表）

令和○○年　○月　○日

（宛先）大田区保健所長

住　　　所	大田区大森一丁目I番○号△△ビル○○○号
開設者　氏　　　名	医療法人社団東南会 理事長　大森一郎
電　話　番　号	03（1234）○○○○
ファクシミリ番号	03（1234）○○○○

〔法人にあっては、名称、主たる
事務所の所在地及び代表者の氏名〕

歯 科 診 療 所 開 設 許 可 申 請 書

歯科診療所の開設の許可を受けたいので、医療法第7条第1項の規定により、

下記のとおり申請します。

記

1　名　　　　　称	医療法人社団東南会 蒲田△△歯科クリニック
2　所　　在　　地	大田区蒲田三丁目3番0号△△ビル○○○号 電　話　番　号　03（9876）○○○○ ファクシミリ番号　03（9876）○○○○
3　診　療　科　目	歯科、小児歯科
4　開　設　の　目　的	科学的でかつ適正な医療を普及すること
5　維　持　の　方　法	保険診療による
6　開設予定年月日	令和 5年 9月　　上 ・ 中 ・ 下 旬

7　従　事　者　定　員

歯科医師	歯科衛生士	歯科技工士	事務員		計
I名	I名	名	I名	名	名

8　敷　地　の　面　積	○○○.0㎡（平面図は、別添のとおり）

212　　PART Ⅴ　大きなイベント～分院開設・移転～

■分院開設の場合

（第1片）　　　　　　　　　　　（裏）

9　交通機関及び敷地周囲の見取図

交　通　機　関	JR京浜東北　線　　　　　蒲田　駅下車　東　口徒歩　15分			
	駅　　　口からバス（　　　行）下車徒歩　　　分			
敷　地　の　条　件	用途地域	○○○地域	防火地域	○○○地域
見　　取　　図	別添のとおり			

10　建物の構造概要及び平面図

建物別名称	構　造　概　要	建　築　面　積	延　面　積
△△ビル	鉄筋コンクリート　造　3　階建て	○○○.○ ㎡	○○○.○ ㎡

住宅と併設の場合又はビルディングの一部を使用する場合

住宅と併設の場合	造　　階建てのうち　　階　　㎡使用
ビルディングの一部を使用する場合	鉄筋コンクリート造　3階建てのうち 3階　○号室　○○.○㎡使用
平面図	別添のとおり

11　歯科治療室

室　面　積	治療いす	給水火気設備	防　火　設　備	その他必要な設備
○○.○ ㎡	2 台	上水道	消化器	

12　歯科技工室

室　面　積	防じん設備	給水火気設備	防　火　設　備	その他必要な設備
㎡				

13　エックス線装置及び診察室

開設時設置予定のエックス線装置

固定、携帯の別	用　途	製作者名及び型式
固定	デンタル(歯科用)	㈱○○○○
固定	パノラマ(一般用)	㈱○○○○

■移転の場合

第2号様式（第1条第2号関係）

（第1片）　　　　　　　　　　　　　　　　　（表）

令和○○年　○月　○日

（宛先）大田区保健所長

住　所　　**大田区大森二丁目2番○号　△△ビル○○○号**

開設者　氏　名　　**医療法人社団東南会**
理事長　大森一郎

電　話　番　号　　**03（1234）○○○○**
ファクシミリ番号　　**03（1234）○○○○**

⎡ 法人にあっては、名称、主たる
⎣ 事務所の所在地及び代表者の氏名 ⎤

歯 科 診 療 所 開 設 許 可 申 請 書

歯科診療所の開設の許可を受けたいので、医療法第7条第1項の規定により、

下記のとおり申請します。

記

1　名　　　　　称	**医療法人社団東南会　大森△△歯科クリニック**
2　所　在　地	大田区**大森二丁目2番○号△△ビル○○○号** 電　話　番　号　**03（1234）○○○○** ファクシミリ番号　**03（1234）○○○○**
3　診　療　科　目	**歯科、小児歯科**
4　開　設　の　目　的	**科学的でかつ適正な医療を普及すること**
5　維　持　の　方　法	**保険診療による**
6　開設予定年月日	令和　**5**年　**9**月　（上）・中・下　旬
7　従　事　者　定　員	

歯 科 医 師	歯科衛生士	歯科技工士	**事務員**		計
1名	**1**名	名	**1**名	名	**3**名

8　敷　地　の　面　積	○○○**.0**㎡（平面図は、別添のとおり）

■移転の場合

（第1片）　　　　　　　　　　（裏）

9　交通機関及び敷地周囲の見取図

| 交　通　機　関 | JR京浜東北　線　　　　　大森　駅下車　東　　口徒歩　15分 |
| | 駅　　　　口からバス（　　　行）下車徒歩　　分 |

| 敷　地　の　条　件 | 用途地域 | ○○○地域 | | 防火地域 | ○○○地域 |
| 見　　取　　図 | 別添のとおり | | | | |

10　建物の構造概要及び平面図

建物別名称	構　造　概　要	建　築　面　積	延　面　積
△△ビル	鉄筋コンクリート　造　3　階建て	○○○.○ ㎡	○○○.○ ㎡

住宅と併設の場合又はビルディングの一部を使用する場合

住宅と併設の場合	造　　階建てのうち　　階　　㎡使用
ビルディングの一部を使用する場合	鉄筋コンクリート造　　3階建てのうち 2階　○号室　○○.○㎡使用
平面図	別添のとおり

11　歯科治療室

室　面　積	治療いす	給水火気設備	防火設備	その他必要な設備
○○.○ ㎡	2 台	上水道	消化器	

12　歯科技工室

室　面　積	防じん設備	給水火気設備	防火設備	その他必要な設備
㎡				

13　エックス線装置及び診察室

開設時設置予定のエックス線装置

固定、携帯の別	用　途	製作者名及び型式
固定	デンタル(歯科用)	㈱○○○○
固定	パノラマ(一般用)	㈱○○○○

第4章　具体的手続き　　215

※ここからは ■分院開設 ■移転 共通です。

（第2片）　　　　　　　　　　　　　　（表）

エックス診療室					
室　面　積	室内の構造概要	操作室の面積	暗　　室		
			面　積	設　備	
○○.○　㎡	1.5mm鉛合板	㎡	㎡		
㎡		㎡	㎡		

14　その他の施設				
待　合　室	○○.○　㎡	消　毒　施　設	○○.○　㎡	
事　務　室	㎡		㎡	
	㎡		㎡	

15　建　築　確　認	令和○○年　○月　○日　　　　第　○○○○　号

16　添　付　書　類

1)　開設者が法人であるときは、定款、寄附行為又は条例及び登記事項証明書
2)　土地及び建物の登記事項証明書（土地又は建物を賃借する場合は、賃貸借契約書の写しも添付
　　すること。）
3)　敷地の平面図
4)　敷地周囲の見取り図
5)　建物の平面図（縮尺100分の1以上のもの）
6)　エックス線診療室放射線防護図（平面図及び立面図。縮尺50分の1又は25分の1のものとし、
　　壁及び鉛の厚さを記入すること。）
7)　案内図

　各項目を上から順に解説します。「医科と同様に記載してください」とある場合は、200頁の「■診療所開設許可申請書の記載例（医科の場合）」を参照してください。

・「開設者」（住所、氏名、電話番号、ファクシミリ番号）
　医科と同様に記載してください。
・「1　名称」「2　所在地」
　医科と同様に記載してください。

・「3　診療科目」

　歯科の場合、標榜できる診療科目は、「歯科、矯正歯科、小児歯科、歯科口腔外科」の４つのみです。この中から実際に診療する科目を選び記載してください。

・「4　開設の目的」～「10　建物の構造概要及び平面図」

　医科と同様に記載してください。

・「11　歯科治療室」～「12　歯科技工室」

　該当する室がある場合は、図面どおりに、室名と面積を記載します。

・「13　エックス線装置及び診察室」～「15　建築確認」

　医科「22」～「24」と同様に記載してください。

・「16　添付書類」

　医科の診療所開設許可申請と同様に、下記の添付書類が必要となります。詳細は、「■診療所開設許可申請書の記載例（医科の場合）」の「25　添付書類」を参照してください。

　１）定款及び登記事項証明書

　２）土地及び建物の登記事項証明書（土地又は建物を賃借する場合は、賃貸借契約書の写しも添付すること）

　３）敷地の平面図

　４）敷地周囲の見取り図

　５）建物の平面図（縮尺100分の１以上のもの）

　６）エックス線診療室放射線防護図（平面図及び立面図。縮尺50分の１又は25分の１のものとし、壁及び鉛の厚さを記入すること。）

　７）案内図

以上が、歯科診療所開設許可申請書の作成方法です。

前述のとおり、この申請書を４セットまたは５セット作成しま

す。なお、謄本の原本は正本にのみ添付し、その他はコピーで問題
ありません。

　診療所開設許可申請書一式または歯科診療所開設許可申請書一式
の準備ができ次第、保健所に予約のうえ、許可申請をします。持参
するものは、おおむね下記のとおりですが、保健所に事前確認して
ください。

・診療所開設許可申請書一式……２セット（正本＋副本）
・診療所開設許可手数料用現金……２万円程度
　金額は、保健所によって異なります。
・原本（賃貸借契約書など）……事前に保健所に確認し、持参して
　　　　　　　　　　　　　　　ください。

　この後、通常は実地検査があり、無事、診療所開設許可がおりる
と、次は診療所開設届を提出する、という流れになります（実地検
査の時期は保健所によって異なる場合もあります）。

②　実地検査

　診療所開設にあたっては、実地検査が行われます。保健所によっ
ては実地検査を省略していることもあります。

　通常、実地検査は、診療所開設許可申請後に行われます。管理者
の立合いが必要なので、保健所と日程調整をしてください。

　実地検査が無事完了すると、１週間ほどで診療所開設許可がおり
保健所から連絡があるので、診療所開設許可書を受け取りに行きま
す（診療所開設届の提出時の受け取りでも構いません）。診療所開
設許可がおりると、次は診療所開設届を提出します。

㋐　実地検査の時期

　実地検査の時期は、医療法人の場合大きく３とおりで、「①一般
的なフロー」、「②最もタイトなフロー」、「③実地検査が事後の場
合」があります。

　３とおりの実地検査の時期をフローチャートにまとめたものを次
に示します。

■分院開設の場合

■例：9月1日診療所開設、10月1日保険診療開始

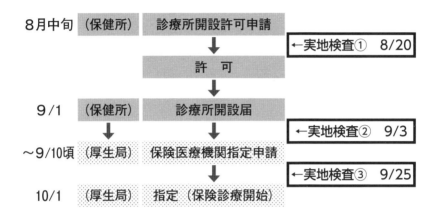

■移転の場合

■例：9月1日移転

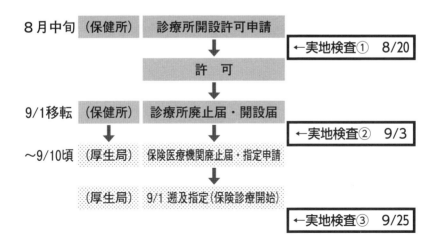

例えば、9月1日開設の場合には8月中旬頃に保健所に診療所開設許可申請をして、その後の8月20日に実地検査を行うのが「①一般的なフロー」です。

　書類上の許可がおりて、開設届を出した後に実地検査をするという保健所もあります。例えば、9月3日に実地検査を行う保健所もあります。これは「②最もタイトなフロー」です。

　一番時期としては遅いのが、「③全部の手続きが終わった後」の例えば9月25日などに実施検査をする保健所もあります。

　保健所に相談する際に、実地検査が①②③のどのタイミングかを確認することが非常に重要です。時期によって対応やその負荷も大きく変わります。

　それでは、それぞれの時期の実地検査について、解説します。

(a) 「①一般的なフロー（実地検査①）」

　8月の中旬に診療所開設許可申請、8月20日ごろに実地検査があり、許可がおりた後に、9月1日頃に診療所開設届等を提出、9月10日頃までに厚生局の手続きをするという流れで、一般的なパターンです。

定款変更認可→登記→診療所開設許可申請（保健所）
→ ★実地検査 →診療所開設許可→診療所開設届など（保健所）
→副本受領→保険医療機関指定申請など（厚生局）、その他手続き

(b) 「②最もタイトなフロー（実地検査②）」

　一番タイトなフローです。診療所開設許可申請をして、書類上許可がおります。その後、9月1日すぎ（分院開設の場合）または9月1日付（移転の場合）に診療所開設届を出した後、実地検査が行われます。例えば、9月3日に実地検査があり、問題なければ2日後くらいに副本を受け取ります。

それらの保健所の手続き書類の副本の写しを添付して、9月10日頃までに厚生局の手続きをするという流れになるので、時間が非常にタイトです。実地検査で何もなければ、タイトながらも無事終わりますが、実地検査で何か問題があると、予定の開設に間に合わないということになってしまいます。

　なので、分院開設の場合は、内装工事が完了しているのであれば、9月1日を待たずに8月下旬に診療所開設届を提出し、実地検査を行うことをお勧めします。

> 定款変更認可→登記→診療所開設許可申請（保健所）→診療所開設許可→診療所開設届など（保健所）→ ★実地検査 →副本受領→保険医療機関指定申請など（厚生局）、その他手続き

(c)　「③実地検査が事後の場合（実地検査③）」

　すべての手続きが無事完了した後、例えば、9月25日頃に、実地検査をするという場合があります。これは手続きが無事完了しているので、日程的には比較的楽といえます。

　一方、現場のほうは大変になります。なぜなら、①と②のフローの場合、内装工事が終わったばかりの状態なので、最低限の対応がなされていれば問題ありません。しかし、9月25日となると、分院開設の場合は、クリニックとしてはオープン間近な時期であり、ほぼ診療体制が整っていることが期待されます。また、移転の場合は、すでに移転後のクリニックで保険診療が行われている時期であり、様々なチェックが入ります。不備があると指摘があり、是正や追加書類などが必要になる場合もあります。

> 定款変更認可→登記→診療所開設許可申請（保健所）→診療所開設許可→診療所開設届など（保健所）→副本受領→保険医療機関指定申請など（厚生局）、その他手続き→ ★実地検査

（イ） **実地検査のポイント**

　一般的な実地検査のポイントを以下に解説します。万全を期すために、事前に保健所にも確認をしてください。

（a）　管理者

　管理者の立ち合いが必須です。

（b）　原本提示

　医師免許証、賃貸借契約書などの原本を準備します。

（c）　院内掲示（作成例）

　下記の項目を記載したものを待合室等に掲示しなければなりません。

　　・管理者の氏名
　　・診療に従事する医師または歯科医師の氏名
　　・医師または歯科医師の診療日及び診療時間

■院内掲示（作成例）

管理者氏名　　○○　　○○

診療日時及び診療に従事する歯科医師名

　　　　　　月～金　　9：00～13：00、15：00～19：00
　　　　　　土　　　　9：00～13：00

氏名	担当診療科名	診療日時
○○○○	歯科・小児歯科・歯科口腔外科・矯正歯科	月～金　9：00～13：00、15：00～19：00 土　　　9：00～13：00
△△△△	歯科・小児歯科・歯科口腔外科	水、金　9：00～13：00、15：00～19：00

　診療所開設届に記載した内容と同一にします。なお、クリニック

の診療日時と管理者の勤務日時は一致させてください。一致していない場合は指導対象となります。

　上記の例でも、クリニックの診療日時と管理者の診療日時は、一致しています。

・クリニックの診療日時

　　月～金　9:00～13:00、15:00～19:00　　土　9:00～13:00

・管理者○○○○の診療日時

　　月～金　9:00～13:00、15:00～19:00　　土　9:00～13:00

⒟　図　　面

　診療所開設許可申請書に添付した図面と、実地検査時の現地の構造設備は完全に一致している必要があります。実際には、図面と多少食い違っていることが時々あります。例えば、ドアが開閉式ではなくて引き戸になっている、歯科のユニットの数が少ない、などです。

　簡単な手直し程度であれば、その場で図面を修正することも可能ですが、大きな手直しの場合は図面の差し替えが必要です。最悪の場合、図面の修正・差し替えではなく、工事のやり直しになります。そうなると、クリニックの開業が大幅に遅れます。よって、工事着工前に、保健所に図面の事前確認をすることが非常に重要です。

　なお、構造設備の要件があり、診察室は9.9㎡以上、待合室は3.3㎡以上必要です。歯科の場合は歯科治療室が必要です。ユニット1セットあたり6.3㎡以上、2セット以上の場合は1セットあたり5.4㎡以上必要です。これらは実地検査の時に確認されるというよりは、そもそもこういった要件を満たす図面に基づき工事が行われているはずです。実地検査では、その要件を満たしている図面と現地構造設備が一致していることを確認するのです。

⒠　部屋の用途表示

　各部屋の入口に、「診察室」「内科診察室」「検査室」等のプレートを掲示してください。診療所開設許可申請書に添付した図面の表

第4章　具体的手続き　223

記と完全に一致している必要があります。「診察室1」「診察室2」のように図面に記載があれば、その記載内容を正確に掲示してください。記載方法が一致していない場合は、プレートを修正するか、または図面のほうを修正し、一致させる必要があります。

⒡　エックス線装置及びエックス線診察室の検査

　レントゲン検査を同時に行う保健所も多くあります。その場合は、レントゲンの書類もあらかじめ提出しておき、当日レントゲンの検査もできるようにします。レントゲン業者とも連絡をとり、必要な表示や器具等の準備を依頼し、実地検査当日は同席をお願いしましょう。

⒢　指針・手順書等

　診療所、歯科診療所は、医療の安全管理体制の整備が医療法で義務付けられています。ひな型が医師会のホームページ等に掲載されているので、自院用に手直しをして印刷し、実地検査当日準備しておきましょう。

⒣　その他ポイント

　その他のポイントの例をあげます。

❶感染性廃棄物の処理

　感染性医療廃棄物処理については、廃棄物の処理及び清掃に関する法律第12条の2に定められており、医療機関で使用した注射器や使用済みの感染性医療廃棄物と呼ばれる廃棄物の処理について記載されています。

　実地検査当日は、感染性廃棄物処理契約書を準備しておきましょう。未締結の場合は、感染性廃棄物の契約書のドラフトを準備する、または、契約予定の業者名を伝えるなどをします。また、感染性廃棄物のバケツがすでにある場合は、その置き場所に注意が必要です。患者のアクセスが可能な場所に置かれていないことを確認してください。バックヤードなどスタッフだけが入れる場所に置いてあれば問題ありません。

❷消火設備

無床のクリニックの場合は、原則としてスプリンクラーの必要はないですが、最低限消火器が必要になります。事前に消火器の位置を確認しておくとよいでしょう。

❸医薬品の保管場所

医薬品の保管場所は、患者の手の届かないところにある必要があります。毒薬や麻薬の取扱いがある場合は、毒薬用の鍵のかかる保管場所、麻薬専用の金庫が用意されているか、などについて検査があります。なお、薬品用冷蔵庫に職員の飲食物などを入れてはいけません。

❹手指洗浄

すべての水回りに手指用洗浄剤または手指用消毒剤が必要です。具体的にはアルコールの手指洗浄や石鹸などです。ペーパータオルも準備してください。

❺カルテの保存方法

電子カルテの場合は、ＰＣにパスワードがかかっているか、紙カルテであれば、カルテ庫に鍵がかかるかなどについて、検査されます。

実地検査は保健所によってかなり厳しい場合もあります。ざっと全体を見るだけで終わる保健所もあれば、すみずみまで確認し、管理者に注意事項等を説明するので、１時間近くかかる保健所もあります。いずれにしても、指摘があれば迅速に対応すれば大きな問題はありません。当日、何に気をつけたらよいかについては、あらかじめ保健所に確認してください。

③　診療所廃止届（移転の場合のみ）・診療所開設届

■診療所廃止届（旧診療所）　■移転の場合のみ

㋐　流　れ

９月１日移転であれば、９月１日すぎに「診療所開設届」と一緒

に提出します。診療所廃止届と診療所開設届は、同時に提出することが非常に重要です。なお、保健所によっては事前に書類を預けておける場合もあります。

　また、エックス線装置がある場合は、エックス線廃止届も提出します。

(イ)　書類の作成方法

　大田区保健所の様式で、記載方法を順に解説します。

- 「開設者」

　　住所……医療法人の移転後の主たる事務所の所在地を記載します。

　　氏名……医療法人社団○○会　理事長○○○○のように記載します。

　　電話番号、ファクシミリ番号……医療法人の電話番号とＦＡＸ番号を記載します。

- 「1　名称」

　移転前の診療所の名称を、変更前定款に記載されているとおりにコピー＆ペーストします（手入力は避けてください）。

- 「2　所在地」

　移転前の診療所の所在地を、変更前定款に記載されているとおりにコピー＆ペーストします（手入力は避けてください）。

　移転前の診療所の電話番号やＦＡＸ番号も記入します。

- 「3　開設許可年月日及び同番号」

　移転前の診療所の診療所開設許可書に記載されている許可番号を記載します。例えば、大田区であれば、「平成29年1月23日付 保生医 第123号」のようになります（保生医は、部署名「保健所生活衛生課医薬担当」の略です）。

- 「4　休（廃）止の理由」

　「(廃)」を○で囲み、「移転のため」と記載します。

- 「5　休（廃）止の年月日」

■ 診療所廃止届の記載例（大田区保健所のHPを一部修正）

第14号様式（第9条関係）

令 和 ○ 年 ○ 月 ○日

（宛先）大田区保健所長

開設者

住　所　　大田区大森二丁目2番○号△△ビル○○○号

氏　名　　**医療法人社団東南会**
　　　　　理事長 大 森 一 郎

電 話 番 号　　**03（1234）○○○○**
ファクシミリ番号　　**03（1234）○○○○**

⎡ 法人にあっては、名称、主たる ⎤
⎣ 事務所の所在地及び代表者の氏名 ⎦

診 療 所（歯 科 診 療 所 又 は 助 産 所）休（廃）止 届

診療所（歯科診療所又は助産所）を休（廃）止したので、医療法第8条の2第2項
及び第9条第1項の規定により、下記のとおり届け出ます。

記

1　名　　　　　　　　称	**医療法人社団東南会 大森○○クリニック**
2　所　　　在　　　地	大田区**大森一丁目1番○号△△ビル○○○号** 電 話 番 号　**03（1234）○○○○** ファクシミリ番号　**03（1234）○○○○**
3　開 設 許 可（開 設 届 出） 　年 月 日 及 び 同 番 号	昭和・平成・令和 年　　　月　　　日　　　　第　　　　　号
4　休（廃）止 の 理 由	**診療所移転のため**
5　休（廃）止 の 年 月 日	令和 **5** 年　**8** 月 **31** 日
6　休 止 の 予 定 期 間	令和　　　年　　　月　　　日

第4章　具体的手続き　227

「（廃）」を〇で囲み、この例では、令和 5 年 8 月 31 日のように記載します。

・「6　休止の予定期間」

記入不要です。

■診療所開設届

診療所開設許可申請では、医療法人の基本情報、建物関連の書類、図面、賃貸借契約書などを提出するのに対して、診療所開設届では、管理者関連、従事者関連の書類を提出します。

特に、管理者の職歴書では、原則として前職は開設日前日までに退職しているかを確認してください。

㋐　流　れ

■分院開設の場合

診療所開設届は、診療所開設許可がおり次第提出できます。この後の厚生局手続きの締切に余裕をもって間に合うように 1 日でも早く提出しましょう。

■移転の場合

9 月 1 日移転であれば 9 月 1 日すぎになるべく早く提出しましょう。保健所によっては事前に書類を預けられる場合もあります。この後の厚生局手続きの締切に余裕をもって間に合うように 1 日でも早く提出しましょう。

㋑　書類の作成方法

書類の内容は、管理者や従事者に関するものが中心です。本書では、大田区保健所の様式で説明していきます。

■診療所開設届の記載例（大田区保健所のＨＰを一部修正）

第7号様式（第5条関係）
（第1片）　　　　　　　　　　　　　　　　（表）

令和〇〇年　〇月　〇日

（宛先）大田区保健所長

住　所　　大田区大森一丁目１番〇号△△ビル〇〇〇号

開設者　　氏　名　　医療法人社団東南会
　　　　　　　　　　理事長　大森　一郎
電話番号　　03(1234)〇〇〇〇
ファクシミリ番号　　03(1234)〇〇〇〇

〔法人にあっては、名称、主たる
　事務所の所在地及び代表者の氏名〕

診療所（歯科診療所又は助産所）開設届

令和　5年　8月〇〇日付保生医収第〇〇〇号で開設の許可を受けた診療所（歯科診療所又は助産所）を開設したので、医療法施行令第4条の2第1項の規定により、下記のとおり届け出ます。

記

1	名　　　　　称	医療法人社団東南会　蒲田△△クリニック		
2	所　　在　　地	大田区蒲田三丁目3番〇号△△ビル〇〇〇号 電話番号　　03(9876)〇〇〇〇 ファクシミリ番号　　03(9876)〇〇〇〇		
3	開　設　年　月　日	令和　5年　9月　1日		
4 管 理 者	現　　　住　　　所	大田区〇〇〇〇丁目〇〇番〇〇号 電話番号　　03(〇〇〇〇)〇〇〇〇 ファクシミリ番号　　03(〇〇〇〇)〇〇〇〇		
	氏　　　　　名	羽田　太郎		
	臨床研修等修了 登　録　年　月　日	平成〇〇年　〇〇月　〇〇日	確認欄	
	免許証番号及び 登　録　年　月　日	第　〇〇〇〇号　　平成〇〇年　〇〇月　〇〇日	確認欄	
5	診　療　日　時	月～金（9:00～12:00、14:00～18:30） 休診日：土曜、日曜、祝祭日		

第4章　具体的手続き　229

（第1片）　　　　　　　　　　　　　　　　　（裏）

6　診療に従事する医師（歯科医師）の氏名、担当診療科目及び診療日時

氏　　名	担当診療科目	診　療　日　時	医籍の登録事項		確認欄
			臨床研修等 修了登録年月日	免許証番号及び 登録年月日	
○○　○○	**内科・小児科**	**診療日時の通り**	**平成○○年** **○○月○○日**	第○○○○号 **平成○○年○月○日**	
○○　○○	**内科**	**月(9：00〜12：00)**	年　　月　　日	第○○○○号 **昭和○○年○月○日**	
			年　　月　　日	第　　　　号 年　　月　　日	
			年　　月　　日	第　　　　号 年　　月　　日	

7　業務に従事する助産師の氏名及び勤務日時

氏　　　名	勤　務　日　時	免許番号及び 登録年月日	確認欄
		第　　　　号 年　　月　　日	
		第　　　　号 年　　月　　日	

8　嘱託医師の住所及び氏名　（助産所に限る。）

氏　　名	
住　　　所	電　話　番　号 ファクシミリ番号
臨床研修等修了登録年月日	年　　　　月　　　　日　　確認欄
免許番号及び登録年月日	第　　　号　平成　　　年　　月　　日　確認欄
病院又は診療所	

9　医療従事者（薬剤師、看護師、准看護師、診療放射線技師等）

職　　種	氏　　名	免許登録年月日	登録番号	確認欄
看護師	○○　○○	**令和○○年○○月○○日**	第　○○○○号	
准看護師	○○　○○	**平成○○年○○月○○日**	第　○○○○号	
		年　　月　　日	第　　　　号	
		年　　月　　日	第　　　　号	
		年　　月　　日	第　　　　号	
		年　　月　　日	第　　　　号	

（第2片）

10 その他の従事者			
事　務　員	看護助手	そ　の　他	計
2 名	名	名	2 名

11　診療報酬額（公的医療機関に限る。）

12　添付書類

1)　管理者の臨床研修等修了登録証及び免許証の写し並びに職歴書　^(注2・3)

2)　診療に従事する医師又は歯科医師の臨床研修等修了登録証及び免許証の写し　^(注2・3)

3)　業務に従事する助産師の免許証の写し

4)　嘱託医師となる旨の承諾書及び臨床研修等修了登録証並びに免許証の写し（助産所に限る）　^(注2・3)

(注1)　臨床研修等修了登録証写し及び免許証の写しの添付は、本証の提示確認に代えることができる。提示確認の場合は、該当欄に保健所担当者の確認印を受けること。

(注2)　平成16年4月1日現に医師免許を受けている者及びそれ以前に医師免許の申請を行った者であって平成16年4月1日以後に医師免許を受けた者は、医師法第二条の規定による改正後の医療法及び第四条の規定による改正後の医師法の適用については、同法第十六条の四第一項の規定による登録を受けた者とみなす。

(注3)　平成18年4月1日現に歯科医師免許を受けている者及びそれ以前に歯科医師免許の申請を行った者であって平成18年4月1日以後に歯科医師免許を受けた者は、歯科医師法第三条の規定による改正後の医療法及び第五条の規定による改正後の歯科医師法の適用については、同法第十六条の四第一項の規定による登録を受けた者とみなす。

各項目を上から順に解説します。

・「開設者」

住所……医療法人の主たる事務所の所在地（移転の場合は、移転後の所在地）を記載します。

氏名……医療法人社団○○会　理事長○○○○のように記載します。

電話番号、ファクシミリ番号……医療法人の電話番号とFAX番号を記載します。

・「許可番号」

診療所開設許可書に記載されている許可番号をそのまま記載します。例えば、大田区であれば、「令和5年8月20日付保生医第123号」のようになります（保生医は、部署名「保健所生活衛生課医薬担当」の略です）。

・「1　名称」

診療所開設許可申請書と同様に、定款の分院の診療所名あるいは移転後の診療所名を、そのままコピー＆ペーストします（手入力は避けてください）。

・「2　所在地」

診療所開設許可申請書と同様に、定款の記載どおりに記載する必要があるので、定款の分院の所在地あるいは移転後の診療所の所在地を、そのままコピー＆ペーストします（手入力は避けてください）。

分院の電話番号やFAX番号については、診療所開設許可申請時は「未定」でも構いませんが、この診療所開設届には、必ず記入する必要があります。

・「3　開設年月日」

例えば令和5年9月1日のように記載します。

・「4　管理者」

管理者の情報を記載します。

現住所……現住所を記載します。住民票が遠方の場合は、実際の
　　　　居住地の併記や資料が必要な場合もあります。

氏名……氏名を記載します。

臨床研修等修了登録年月日……後述の臨床研修等修了登録証に記
　　　　載されている登録年月日を記載し
　　　　ます。医師の場合は平成16年4
　　　　月以降登録、歯科医師の場合は、
　　　　平成18年4月以降登録の場合、
　　　　臨床研修修了証を持っています。
　　　　確認欄は、保健所の方が原本確認
　　　　をするので、記入不要です。

免許証番号及び登録年月日……（歯科）医師免許証に記載されて
　　　　いる免許証番号及び登録年月日を
　　　　記載します。確認欄は保健所の方
　　　　が原本確認をするので記入不要で
　　　　す。

・「5　診療日時」

　実際の診療日時を書いてください。訪問診療を行っている場合
も、訪問診療の診療日時を含め、クリニックとしての診療日時を書
く必要があります。記載方法は、外来と訪問を分けずに記載する場
合と、別々に記載する場合があります。保健所に事前に確認してく
ださい。

・「6　診療に従事する医師（歯科医師）の氏名、担当診療科目及
　び診療日時」

　1行目に管理者を記載します。管理者の診療日時は、診療所の診
療日時と同一になるので、「診療日時の通り」と記載します。2行
目以降は、その他の勤務医の情報を記載してください。「確認欄」
は記載不要です。

　なお、診療所開設許可を受けた診療科目すべてについて、担当医

師がいる必要があります。

- ・「7　業務に従事する助産師の氏名及び勤務日時」
  助産師が従事する場合、同様に記載します。
- ・「8　嘱託医師の住所及び氏名（助産所に限る。）」
  記入不要です。
- ・「9　医療従事者（薬剤師、看護師、准看護師、診療放射線技師等）」
  医療従事者で資格を持っている方を記載します。
- ・「10　その他の従事者」
  その他従事者の人数を記載します。
- ・「11　診療報酬額（公的医療機関に限る。）」
  記載不要です。
- ・「12　添付書類」※助産所の場合の添付書類は省きます。
  １）管理者の臨床研修等修了登録証及び免許証の写し並びに職歴書
  臨床研修等修了登録証と（歯科）医師免許証は原本提示が必要な場合が多いです。事前に所在を確認しておきましょう。
  管理者の臨床研修等修了登録証……厚生労働省が発行したものが必要です。病院の臨床研修を終えたという病院が発行したものではありません。見つからない医師が多いので、早めに確認してください。（歯科）医師免許証はＢ４で横向きですが、臨床研修修了登録証はＡ４で縦向きのものです。なお、通常、原本提示も必要です。

管理者の免許証の写し……（歯科）医師免許証の写しです。通常、原本提示も必要です。

■臨床研修修了登録証

管理者の職歴書……保健所によっては所定の様式があるので、それを使用します。学歴は通常大学入学以降を記載します。最後の行には、「令和5年9月　〇〇クリニック　管理者就任」のように記載します。

■職歴書の記載例（大田区保健所のＨＰを一部修正）

職歴書（記載例）

顔写真は不要です

ふりがな	おおた　いちろう	
氏名	大田　一郎	
昭和・平成・令和　○年　　○月　　○日生　（満　○○歳）		
ふりがな　おおたくおおもり		電話番号
現住所　大田区大森一丁目１番１号		03（1234）○○○○

年	月	学歴・職歴
昭和○年	4月	東西大学医学部入学
○年	3月	同上卒業
平成○年	6月	第○○回医師国家試験合格
○年	6月	医籍登録（第○○○○○号）
		（職歴）
平成○年	7月	○○大学医学部第一内科入局
○年	3月	同上　退局
令和○年	4月	○○大学付属病院勤務
○年	3月	同上　退職
○年	4月	○○○○クリニック開設　管理者となる。
		以上の通り相違ありません。

> 大学入学の学歴から直前の職歴まで記入してください。

> 今回開設する診療所の「管理者となる」という一文を記入してください。

令和○年　○○月　○○日

氏名　　○○　○○

236　　PART Ⅴ　大きなイベント〜分院開設・移転〜

２）診療に従事する医師又は歯科医師の臨床研修等修了登録証及び免許証の写し

　勤務医についても、臨床研修等修了登録証及び免許証の写しが必要となります。保健所によっては原本提示も必要なので、事前に確認してください。

３）（その他）管理者が理事になったことがわかる書類

　医療法人の場合は、管理者が理事になったことがわかる書類（議事録、理事就任承諾書等）の提出が必要な場合があります。事前に保健所に確認してください。

　議事録は、定款変更認可申請書に添付した臨時社員総会議事録の写しを提出すれば問題ありません。

④　エックス線装置廃止届（移転の場合のみ）・エックス線装置備付届

　エックス線装置がある場合には、エックス線装置備付届も必要です。エックス線業者が作成する書類なので、早めに手配しましょう。注意点としては、医療法人名ではなく、管理者の個人名で出す届出ということです。

　移転の場合は、旧診療所のエックス線装置廃止届も併せて提出します。

第４章　具体的手続き　237

■ 診療用エックス線装置廃止届（大田区保健所のHPを一部修正）

■移転の場合のみ

第34号様式（第23条関係）

令和　〇年　〇月　〇日

（宛先）大田区保健所長

住　所　大田区〇〇〇〇丁目〇〇番
〇〇号

管理者

氏　名　大森　一郎

診 療 用 エ ッ ク ス 線 装 置 廃 止 届

　　下記のとおり、診療用エックス線装置を廃止したので、医療法第15条第３項及び医療法
施行規則第29条第１項の規定により届け出ます。

記

1　名　　　　称	医療法人社団東南会　大森〇〇クリニック	
2　所　在　地	大田区**大森一丁目1番〇号△△ビル〇〇〇号** 電話番号　**03（1234）〇〇〇〇**　ﾌｧｸｼﾐﾘ番号　**03（1234）〇〇〇〇**	
3　廃止した装置	製 作 者 名	
	型　　式	
4　廃止した理由	**診療所移転のため**	
5　廃止年月日	令和 **5** 年　**8** 月 **31** 日	
6　診療用エックス線 　　装置廃止後の 　　診察室の用途		

238　　PART V　大きなイベント〜分院開設・移転〜

■ 診療用エックス線装置備付届（大田区保健所のHPを一部修正）

第25号様式（第15条関係）
（第1片）　　　　　　　　　　　　　　　　　　（表）

令和　〇年　〇月　〇日

（宛先）大田区保健所長

管理者　　住　所　**大田区〇〇〇〇丁目〇〇番〇〇号**

　　　　　氏　名　**羽田 太郎**

診 療 用 エ ッ ク ス 線 装 置 備 付 届

診療用エックス線装置を備えたので、医療法第１５条第３項及び医療法施行規則第２４条の２の規定により、下記のとおり届け出ます。

診 療 所	名　　　　　　称		**医療法人社団東南会　蒲田〇〇クリニック**
	所　　在　　地		**大田区蒲田三丁目3番〇号△△ビル〇〇〇号** 電 話 番 号　**03（9876）〇〇〇〇** ファクシミリ番号　**03（9876）〇〇〇〇**
診療用エックス線装置に関する事項	製　作　者　名		
	型　　　　　式		
	定格出力	連　続	キロボルト（ｋＶ） ミリアンペア（ｍＡ）
		短時間	キロボルト（ｋＶ） ミリアンペア（ｍＡ）　　　　　　秒 キロボルト（ｋＶ）
		蓄放式	マイクロファラッド（μＦ）
	エックス線管の数		管球
	用　　　　　途		一 般 撮 影　・透 視　・　　Ｃ　Ｔ　　・歯科用 その他（　　　　　　　　　　　　　　　　　　）
エックス線診療に従事する医師、歯科医師、診療放射線技師又は診療エックス線技師の氏名及び経歴	氏　　　名	職　　種	エックス線診療に関する経歴
備　付　年　月　日			令和 **5** 年　**9** 月　**1** 日

第４章　具体的手続き　　239

4 厚生局手続き

　定款変更認可がおり次第、司法書士が登記申請を行い、続いて保健所の手続きを終えた後、管轄の厚生局事務所で手続きを行います。

　厚生局の手続きは、分院開設の場合と移転の場合で異なる部分が多いので、別々に解説します。

■分院開設の場合

■分院開設：標準的フローチャート

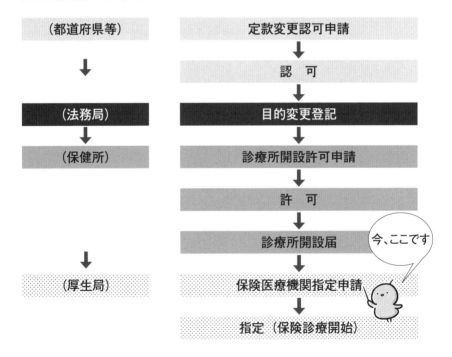

240　PART Ⅴ　大きなイベント～分院開設・移転～

(1) 厚生局手続きの流れ

　厚生局の手続きについても、保健所の書類の準備と併せて事前に準備を進めておきましょう。

　8月中旬に許可申請をし、9月上旬に診療所開設、10月保険診療開始の場合の流れを解説します。

■分院開設の保健所と厚生局のスケジュール（例）
■例：9月上旬診療所開設、10月1日保険診療開始の場合

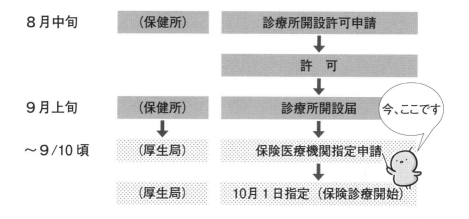

　保険医療機関指定申請については、各厚生局事務所に毎月の締切日が設定されています。毎月の締切日までに申請を行えば、翌月1日から保険診療開始となります。

　例えば、東京厚生局（正確には関東信越厚生局東京事務所）は原則として、毎月10日が締切です。9月10日までに指定申請をすれば、10月1日から保険診療開始となります。締切日は、厚生局のホームページに掲載されています。ぎりぎりではなく、1日でも早く厚生局へ申請をしましょう。ぎりぎりに申請すると、申請書類に不備があった場合に締切に間に合わなくなり、保険診療開始が1カ

月遅れとなってしまいます。

■令和6年度　各種申請・届出等の締切日について（抜粋）（関東信越厚生局のＨＰより）

申　　請	申請締切日	指定日
1.保険医療機関・保険薬局の新規申請	令和6年4月10日（水曜日）	令和6年5月1日指定
	令和6年5月10日（金曜日）	令和6年6月1日指定
	令和6年6月10日（月曜日）	令和6年7月1日指定
	令和6年7月10日（水曜日）	令和6年8月1日指定
	令和6年8月9日（金曜日）	令和6年9月1日指定
	令和6年9月10日（火曜日）	令和6年10月1日指定
	令和6年10月10日（木曜日）	令和6年11月1日指定
	令和6年11月8日（金曜日）	令和6年12月1日指定
	令和6年12月10日（火曜日）	令和7年1月1日指定
	令和7年1月10日（金曜日）	令和7年2月1日指定
	令和7年2月10日（月曜日）	令和7年3月1日指定
	令和7年3月10日（月曜日）	令和7年4月1日指定

(2)　必要部数

　厚生局の手続き書類は2セット作成します。医療法人以外の方（行政書士など）が手続きをする場合は、さらに1セット作成しておきます。内訳は1部目は厚生局提出用、2部目は法人控え用、3部目が医療法人以外の方（行政書士など）用の予備です。後からセットを増やすのは手間がかかるので、あらかじめ2セット（または3セット）を用意しましょう。

(3)　具体的手続き

①　申請方法

　分院の所在地を管轄する厚生局事務所に出向き、手続きを行いま

す。法人用控えに必ず収受印をもらってください。

　通常、30分程度、書類の確認や質疑応答に時間を要します。予約が必要な厚生局もあるので、電話で確認してください。予約不要の場合、毎月月初は非常に混み合います。厚生局によっては、待ち時間が1時間以上になることもあります。

　なお、追加書類の提出や確認事項の回答を求められる場合もあるので、指示に従い対応してください。

②　書類の作成方法

　各厚生局事務所によって異なるので、各厚生局事務所のホームページや電話等で確認してください。本書では、関東信越厚生局東京事務所の例に沿って解説します。

【参考】「保険医療機関・保険薬局の指定等に関する申請・届出」

https://kouseikyoku.mhlw.go.jp/kantoshinetsu/shinsei/shido_kansa/hoken_shitei/index.html

　提出するものは、保健所の副本等の写し一式と保険医療機関指定申請書一式です。

　また、併せて「加入状況にかかる確認票」（雇用保険、社会保険や労働保険の加入状況を記載する書類）も提出します。

　その他、厚生局によって追加書類が必要になる場合もあります。事前に電話等で確認してください。

【重要】オンライン資格確認の手続きについて

　2023年4月から保険医療機関等に導入が原則義務付けられたことに伴い、オンライン資格確認の導入等の手続きも必要です。

　詳細は、各厚生局のホームページや、医療機関等向けポータルサイト（https://iryohokenjyoho.service-now.com/csm?id=csm_index）にて確認してください。

　関東信越厚生局の手続きの概要は、下記のとおりです（令和6年8月現在）。

第4章　具体的手続き　243

ⓐ 事前（各月の締切日については、厚生局のホームページで確認
してください）

「受付番号情報提供依頼書兼回答書」を提出する。

※保険診療開始月の月初からオンライン資格確認を利用するため
に、医療機関等コードの代替として活用できる受付番号が情報
提供されます。

ⓑ 保険医療機関指定申請時

ⓐの回答書と「オンライン資格確認の導入計画書」を提出する。

それでは、書類の作成方法について、解説します。

㋐ 保健所の副本等の写し一式

通常、保健所の手続き書類一式が必要になります。あらかじめ厚
生局提出分として作成した一式に保健所の収受印の頁の写しや診療
所開設許可書の写しを追加して準備します。

厚生局の手続き書類としては、提出するものは少ないですが、そ
れでは、どういった診療所なのか厚生局で全く把握できません。そ
こで、「どのような診療所なのか」を説明するために、保健所の副
本等（全頁）の写しが必要になるのです。

この写しは、診療所開設許可書・申請書、診療所開設届が必要と
なります。エックス線の届出も写しも提出する必要がある厚生局も
あります。

㋑ 保険医療機関指定申請書一式（関東信越厚生局のＨＰより）

保険医療機関指定申請の様式には、表紙と別紙があります。それ
に保険医登録票を添付し提出します。

❶指定申請書

本書では、関東信越厚生局の様式に沿って解説します。上から順
番に書き方を説明します（次頁の「**指定申請書**」参照）。

・「標　題」

「保険医療機関」を○で囲みます。

■ 指定申請書 （関東信越厚生局のＨＰを一部修正）

保険医療機関
保険薬局　指定申請書
生活保護法指定医療機関

※番号		
※医療機関（薬局）コード		

① 病院・診療所・薬局

- 名称（フリガナ）： 医療法人社団東南会 蒲田○○クリニック （イリョウホウジンシャダントウナンカイ カマタ○○クリニック）
- 所在地： 〒000-0000　東京都大田区蒲田三丁目3番○号△△ビル○○○号　電話番号 03（9876）○○○○

② 管理薬剤師名

- 氏名（フリガナ）： 沼田 太郎 （ハネダ タロウ）
- 保険医・保険薬剤師・その他
- 保険医又は保険薬剤師の登録の記号及び番号： 東医 △△△△△

③ 診療科名： 内科・小児科

④ 開設者（法人の場合は代表者）

- 医師・歯科医師・薬剤師・保険薬剤師・その他
- 保険医又は保険薬剤師の登録の記号及び番号： 東医 ○○○○

⑤ 健康保険法第65条第3項第1号、第3号から第5号までのいずれか（指定欠格事由）に該当　有・無

- 該当する法律名
- 内容
- 該当年月日
- 処分権者等

⑥ 医療法第30条の11の規定による勧告　有・無

- 勧告年月日

⑦ 指定に係る病床種別ごとの病床数　0 床

（うち、一般病床　床、療養病床　床、精神病床　床、結核病床　床、感染症病床　床）
（特別の療養環境に係る病床）（個室　床、2人室　床、3人室　床、4人室　床）

⑧ 生活保護法の指定医療機関の申請を併せて行う　☑

⑨ 生活保護法第49条の2第2項第2号から第9号（指定辞退事由）に該当しない旨の誓約　☑

⑩ 国の開設した医療機関　□

上記のとおり申請します。

令和 ○年 ○月 ○○日

関東信越厚生局長　殿

開設者の氏名（フリガナ）及び住所

氏名　医療法人社団東南会 理事長 大森 一郎 （イリョウホウジンシャダントウナンカイ リジチョウ オオモリイチロウ）

住所　東京都大田区大森一丁目1番○号△△ビル○○○号

電話番号 03（1234）○○○○

（法人の場合は、名称、代表者の職氏名及び主たる事務所の所在地）

・「①病院・診療所・薬局」

　「診療所」を○で囲みます。名称、所在地、電話番号は、保健所の書類に記載したとおりに書いてください。

・「②管理者・管理薬剤師」

　「管理者」を○で囲みます。「保険医・保険薬剤師・その他」の「保険医」を○で囲み、保険医登録票の記号及び番号を記入します。

・「③診療科名」

　保健所の診療所開設許可申請書に記載した診療科名をコピー＆ペーストします。

・「④開設者（法人の場合は代表者)」

　「保険医」を○で囲み、医療法人の理事長の保険医登録票の記号及び番号を記入します。医療法人の理事長が保険医でない場合は、医師・歯科医師のいずれかを○で囲みます。

・「⑤欠格事由等」

　通常、「無」を○で囲みます。該当する場合は、「有」を○で囲み、各項目に記入します。

・「⑥医療法第30条の11の規定による勧告」

　「無」を○で囲みます。

・「⑦指定に係る病床種別ごとの病床数等」

　「０床」と記入します。

・「⑧⑨⑩生活保護法」

　生活保護法の指定医療機関の申請を併せて行う場合は、⑧と⑨に✔を入れます。

・「申請者欄」

　氏名……医療法人の名称、理事長氏名を記入します。「医療法人
　　　　　○○会　理事長○○○○」のようになります。

　住所……医療法人の主たる事務所の所在地を記入します。

　電話番号……医療法人の電話番号を記入します。

❷別紙（保険医療機関・保険薬局指定申請書　添付書類（様式））
（関東信越厚生局のＨＰを一部修正）

保険医療機関・保険薬局指定申請書　添付書類（様式）

1　保険医・保険薬剤師の氏名等

氏　　　　名	登録記号番号	担当診療科	勤務形態
			常勤・非常勤
			常勤・非常勤
			常勤・非常勤

注1　病院・診療所にあっては、管理者を除く保険医の氏名等を記載すること。また、薬局にあっては、管理薬剤師を除く保険薬剤師の氏名等を記載すること。なお、氏名は戸籍簿に記載されている漢字を必ず用いること。

注2　担当診療科が複数ある場合には、主たる診療科を最初に記載すること。また、科目名の間を一文字空けて記載すること。

注3　勤務形態欄は、常勤又は非常勤のいずれかに〇をつけること。

注4　欄が足りない場合は、上記の記載事項を記入したもの（様式はＡ４縦）を別紙として本様式に添えて提出すること。

2　1に掲げる者以外の医師、歯科医師及び薬剤師のそれぞれの数

医　　　師	歯　科　医　師	薬　　剤　　師
人	人	人
（うち常勤　　人・非常勤　　人）	（うち常勤　　人・非常勤　　人）	（うち常勤　　人・非常勤　　人）

3　看護師、准看護師及び看護補助者のそれぞれの数

看　　護　　師	准　看　護　師	看　護　補　助　者
人	人	人

注　病院又は病床を有する診療所のみ記載すること。

4　診療時間（開局時間）

月～金　9:00～12:00,14:00～18:30　　土・日・祝休診

注　保険医療機関（保険薬局）の指定後に予定している診療時間（開局時間）について、通常週（年末年始、祝日がない一週間）の状況が分かるように記載すること。

5　遡及申請の有無及び区分（有の場合は、下記の該当する番号に〇をつけること。）

（1）保険医療機関等の開設者が変更となった場合で、前開設者の変更と同時に引き続いて開設され、患者が引き続き診療を受けている場合

（2）保険医療機関等の開設者が個人から法人組織に、又は法人組織から個人に変更となった場合で、患者が引き続いて診療を受けている場合

（3）保険医療機関が病院から診療所に、又は診療所から病院に組織変更となった場合で、患者が引き続いて診療を受けている場合

（4）保険医療機関等が至近の距離（原則として２ｋｍ以内）に移転し同日付けで新旧医療機関等を開設・廃止した場合で、患者が引き続いて診療を受けている場合

6　指定希望日の有無　（無）・　有　　令和　　年　　月　　日

（1）指定日の希望がある場合には、「有」を〇で囲み希望日を記載すること。ただし、指定申請書を提出した翌月の１日以降（当月の指定申請締切日以降に提出する場合は翌々月１日以降）とすること。

（2）指定日の希望がない場合には「無」を〇で囲み、指定申請書を提出した翌月の１日（当月の指定申請締切日以降に提出する場合は翌々月の１日）に指定されます。

第4章　具体的手続き　247

上から順番に、別紙の書き方を説明します。

・「1　保険医・保険薬剤師の氏名等」

診療所開設届に記載した、管理者以外の勤務医について記載します。保険医でない場合は、「2　1に掲げる者以外の医師、歯科医師及び薬剤師のそれぞれの数」に人数のみ記載します。人数が多く書ききれない場合は、別紙として一覧表を作成しても構いません。ここには、氏名、保険医登録票の登録記号番号等を記載します。

　　氏名……保険医の氏名を記載します。

　　登録記号番号……保険医登録票の登録記号番号等を「東　医
　　　　　　　　　　123456」のように記載します。

　　担当診療科……診療所開設届に記載した、その（歯科）医師の担
　　　　　　　　　当診療科を記入します。

　　勤務形態……常勤または非常勤のいずれかを○で囲みます。

・「2　1に掲げる者以外の医師、歯科医師及び薬剤師のそれぞれの数」

保険医登録をしていない勤務医がいる場合は、人数を書いてください。

・「3　看護師、准看護師及び看護補助者のそれぞれの数」

記載は不要です（病院または療養病床を有する診療所のみ記載）。

・「4　診療時間（開局時間）」

保健所に提出した診療所開設届の診療日時を記入してください。

・「5　遡及申請の有無及び区分」

本書の「Part V　分院開設」では、完全に新規で立ち上げる場合を想定しているので、記入する必要はありません。

・「6　指定希望日の有無」

「無」を○で囲んでください。締切日までに指定申請書を提出した月の翌月1日に指定されます。この例では、9月10日の締切までに提出、10月1日保険診療開始となります。

248　PART V　大きなイベント〜分院開設・移転〜

❸保険医登録票

　下記の（歯科）医師の保険医登録票の写しを添付します。

　　・管理者

　　・理事長

　　・勤務医

❹その他

　保険医療機関としての要件を満たしていることを確認するため、追加で写真の提出を求められる場合もあります。クリニックの入口の看板やサインの写真などです。

　保険医療機関指定申請をする時点では、まだ看板やサインができていない場合もありますが、その場合はデータや暫定で紙に書いたものを入口に貼り、その写真を撮ったものでも構わない場合もあります。

　なお、訪問診療のみを行う場合は、事前に、厚生局に相談してください。

【参考】在宅医療のみを実施する医療機関

・在宅医療のみを実施する医療機関の指定に係る確認様式等について（https://kouseikyoku.mhlw.go.jp/kantoshinetsu/iryo_shido/zaitakuiryou-youshiki.html）

⑷　申請後の流れ

　指定申請時に、今後の流れについて案内や説明があります。その指示に従って対応してください。東京厚生局の場合の案内「**指定申請後のスケジュール**」を次頁に例示します。

　新規分院開設の場合は、左の列【新規指定】に該当します。

※通常、毎月10日が締切ですが、令和5年9月9日と10日が土曜日と日曜日のため、締切日が9月8日に前倒しになっています。

第4章　具体的手続き　　249

■関東信越厚生局東京事務所の案内書類

指定申請後のスケジュール（～9月8日受付）

※下記につきましては、一般的なスケジュールを表記しております。指定申請の審査におきまして、健康保険法に基づく指定欠格事由等が確認された場合は別段の取扱いとなります。

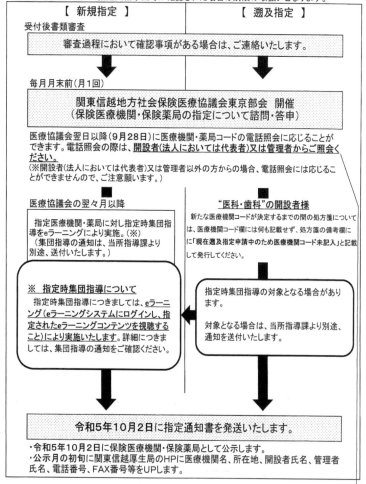

《保険医療機関・保険薬局の指定に係るお問い合わせ先》関東信越厚生局東京事務所　審査課調査係
Tel 03-6692-5119（事務所代表）

裏面についてもご確認ください。（施設基準等について）

代理申請の場合は、この書類を開設者へお渡しください。

例えば、この関東信越厚生局東京事務所の例では、令和5年9月8日（金）までに厚生局に指定申請したとして、9月の下旬に保険医療機関コードが判明し、10月1日付で保険医療機関指定通知書がクリニック宛に発送されます。10月1日から保険医療機関としてオープンし、11月10日の締切で、10月診療分のレセプトの請求を行います。

　この指定申請をすると、その後国保連合会と支払基金から、それぞれの手続き書類が届くので、大至急提出してください（指定申請時に渡される厚生局もあります）。期限が数日後に迫っている場合もあります。期日を確認し、不明点は電話で問い合わせるなどして、迅速に対応しましょう。

　なお、万が一国保連合会と支払基金の手続きが期限に間に合わない場合は、最初の月の分の銀行振り込みが1カ月遅れ、翌月に2カ月分がまとめて振り込まれることになります。万一間に合わなかったとしても、診療報酬が振り込まれないわけではありません。

　以上が分院開設の保健所と厚生局の説明になります。

■移転の場合

■ 診療所移転：標準的フローチャート

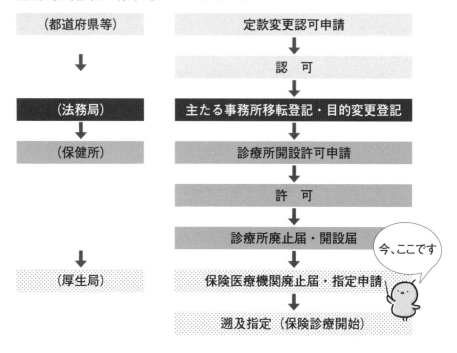

(1) 厚生局手続きの流れ

　厚生局の手続きについても、保健所の書類の準備と併せて事前に準備を進めておきましょう。

　9月1日移転の場合の流れを解説します。

　移転の場合は、遡及希望日に遡及して（遡って）、保険医療機関の指定を受けることが可能です。

　各厚生局事務所に毎月の締切日が設定されており、通常、申請した月の下旬に新しい医療機関コードが判明します。

■ 移転の保健所と厚生局のスケジュール（例）

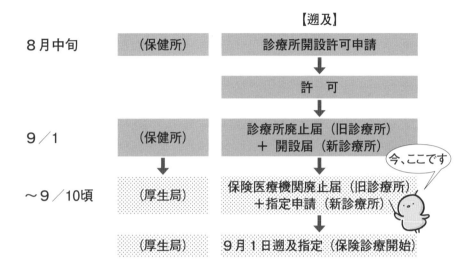

　例えば、東京厚生局（関東信越厚生局東京事務所）は毎月10日が締切です。9月10日までに指定申請をした場合、9月下旬に新しい医療機関コードが判明します。

■ 令和6年度　各種申請・届出等の締切日について（抜粋）（関東信越厚生局のHPより）

申　請	申請締切日	指定日
1. 保険医療機関・保険薬局の新規申請	令和6年4月10日（水曜日）	令和6年5月1日指定
	令和6年5月10日（金曜日）	令和6年6月1日指定
	令和6年6月10日（月曜日）	令和6年7月1日指定
	令和6年7月10日（水曜日）	令和6年8月1日指定
	令和6年8月9日（金曜日）	令和6年9月1日指定
	令和6年9月10日（火曜日）	令和6年10月1日指定
	令和6年10月10日（木曜日）	令和6年11月1日指定
	令和6年11月8日（金曜日）	令和6年12月1日指定
	令和6年12月10日（火曜日）	令和7年1月1日指定
	令和7年1月10日（金曜日）	令和7年2月1日指定
	令和7年2月10日（月曜日）	令和7年3月1日指定
	令和7年3月10日（月曜日）	令和7年4月1日指定

(2)　必要部数

　厚生局の手続き書類は2セット作成します。医療法人以外の方（行政書士など）が手続きをする場合は、さらに1セット作成しておきます。内訳は1部目は厚生局提出用、2部目は法人控え用、3部目が医療法人以外の方（行政書士など）用の予備です。後からセットを増やすのは手間がかかるので、あらかじめ2セット（または3セット）を用意しましょう。

(3)　具体的手続き

①　申請方法

　移転先診療所の所在地を管轄する厚生局事務所に出向き、手続きを行います。法人用控えに必ず収受印をもらってください。

　通常、30分程度、書類の確認や質疑応答に時間を要します。予

約が必要な厚生局もあるので、電話で確認してください。予約不要の場合、毎月月初は非常に混み合います。厚生局によっては、待ち時間が１時間以上になることもあります。

　なお、追加書類の提出や確認事項の回答を求められる場合もあるので、指示に従い対応してください。

②　書類の作成方法

　各厚生局事務所によって異なるので、各厚生局事務所のホームページや電話等で確認してください。本書では、関東信越厚生局東京事務所の例に沿って解説します。

【参考】「保険医療機関等の指定等に関する申請・届出」

　https://kouseikyoku.mhlw.go.jp/kantoshinetsu/shinsei/shido_kansa/hoken_shitei/index.html

　提出するものは、保健所の副本等の写し一式と保険医療機関廃止届一式、そして保険医療機関指定申請書一式です。

　また、併せて「加入状況にかかる確認票」（雇用保険、社会保険や労働保険の加入状況を記載する書類）も提出します。

　その他、厚生局によって追加書類が必要になる場合もあります。事前に電話等で確認してください。

【重要】オンライン資格確認の手続きについて

　2023年４月から保険医療機関等に導入が原則義務付けられたことに伴い、オンライン資格確認の手続きも必要です。

　診療所が移転する場合は医療機関コードが変更になるので、変更承認申請が必要です。

　医療機関等向けポータルサイトの承継申請のページから、手続きを行ってください。（https://iryohokenjyoho.service-now.com/csm?id=kb_article_view&sysparm_article=KB0011051）

　それでは、書類の作成方法について、解説します。

第４章　具体的手続き　255

㋐ 保健所の副本等の写し一式

　通常、保健所の手続き書類一式が必要になります。あらかじめ厚生局提出分として作成した一式に保健所の収受印の頁の写しや診療所開設許可書の写しを追加して準備します。

　厚生局の手続き書類としては、提出するものは少ないですが、それでは、どういった診療所なのか厚生局で全く把握できません。そこで、「どのような診療所なのか」を説明するために、保健所の副本等（全頁）の写しが必要になるのです。

　この写しは、移転の場合、旧診療所の主たる事務所の変更届、診療所開設許可書・申請書、診療所廃止届、診療所開設届が必要となります。エックス線の届出も写しも提出する必要がある厚生局もあります。

㋑ 保険医療機関廃止届一式（関東信越厚生局のHPより）

　移転に伴い旧診療所を廃止するので、旧診療所の保険医療機関廃止届を提出します。具体的には、保険医療機関廃止届という1枚の書面を提出し、旧診療所の保険医療機関指定通知書の原本を返納します（紛失した場合は、「指定通知書紛失届」が必要です）。

❶ 保険医療機関廃止届

　記載方法を順に解説します（次頁の「**保険医療機関廃止届**」参照）。

・「名称」「医療機関コード」「所在地」

　廃止する保険医療機関の情報を記載します。

・「廃止・休止・再開の区分・年月日」

　区分は、「廃止」を○で囲みます。年月日は、今回の例では、「令和5年8月31日」のように記載します。

・「理　由」

　「移転のため」と記載します。

・「生活保護法の指定医療機関の廃止・休止・再開の届出を併せて行う」

　生活保護法の指定医療機関の廃止手続きを併せて行う場合は、

■ 保険医療機関廃止届（関東信越厚生局のHPを一部修正）

保険医療機関　薬局　廃止
生活保護法指定医療機関　休止・再開　届

医療機関及び薬局コード　OOOOOOO

名　称	（フリガナ）イリョウホウジンシャダントウナンカイ　オオモリOOクリニック 医療法人社団東南会　大森OOクリニック
所　在　地	〒OOO - OOOO 東京都大田区大森一丁目1番O号△△ビルOOO号

廃止・休止・再開 の区分・年月日	廃　止	☑	令和 5 年 8 月 31 日		
	休　止		令和　年　月　日 から	令和　年　月　日 まで	
	再　開		令和　年　月　日		

理　由	移転のため

生活保護法の指定医療機関の届出関係（※）	生活保護法の指定医療機関の 廃止・休止・再開 の届出を併せて行う	☑
	生活保護法第49条の2第2項第2号から第9号まで（指定失格事由）に該当しない旨の誓約	☑
	国の開設した医療機関	□

（※）は、該当する場合、右欄の□にチェックを入れること。

上記のとおり　廃止・休止・再開　いたしますので、指定登録証を省令第8条によりお届けします。

令和　年　月　日

（電話番号）　03 - 1234 - OOOO

開設者の氏名及び住所
（法人の場合、名称、代表者の職氏名 大森 一郎 及び主たる事務所の所在地）
医療法人社団東南会　理事長　大森 一郎
東京都大田区大森二丁目2番O号△△ビルOOO号
《廃止・休止後の連絡先》
（電話番号）　03 - 1234 - OOOO
（氏名　大森 一郎　）

※届出者氏名　　　　　　　　　　（続柄　　　　）
（※開設者の死亡により廃止届を提出するときにご記入ください）

関東信越厚生局長　殿

「廃止」を○で囲み、右のふたつの□に✔を入れます。

- 「開設者の氏名及び住所」

　医療法人の主たる事務所の所在地は、移転後の住所を記載します。

❷旧診療所の保険医療機関指定通知書の原本（紛失した場合は、「指定通知書紛失届」）

㋒　**保険医療機関指定申請書一式（関東信越厚生省のＨＰより）**

　保険医療機関指定申請の様式には、表紙と別紙があります。それに保険医登録票を添付し提出します。

❶指定申請書

　本書では、関東信越厚生局の様式に沿って解説します。上から順番に書き方を説明します（次頁の「指定申請書」参照）。

- 「標　題」

「保険医療機関」を○で囲みます。

- 「①病院・診療所・薬局」

「診療所」を○で囲みます。名称、所在地、電話番号は、保健所の書類に記載したとおりに書いてください。

- 「②管理者・管理薬剤師」

　「管理者」を○で囲みます。「保険医・保険薬剤師・その他」の「保険医」を○で囲み、保険医登録票の記号及び番号を記入します。

- 「③診療科名」

　保健所の診療所開設許可申請書に記載した診療科名をコピー＆ペーストします。

- 「④開設者（法人の場合は代表者）」

　「保険医」を○で囲み、医療法人の理事長の保険医登録票の記号及び番号を記入します。医療法人の理事長が保険医でない場合は、医師・歯科医師のいずれかを○で囲みます。

- 「⑤欠格事由等」

　通常、「無」を○で囲みます。該当する場合は、「有」を○で囲み、各項目に記入します。

■ 指定申請書（関東信越厚生局のHPを一部修正）

保険医療機関　　指定申請書
保険薬局／生活保護法指定医療機関

※ 番号
※ 医療機関（薬局）コード

① 病院・診療所・薬局	名称（フリガナ）	医療法人社団東南会 大森○○クリニック（イリョウホウジンシャダントウナンカイ オオモリ○○クリニック）
	所在地（フリガナ）	〒000-0000 東京都大田区大森二丁目2番○号△△ビル○○○号　　電話番号 03（1234）0000
② 管理者・管理薬剤師	氏名（フリガナ）	大森 一郎（オオモリ イチロウ）
③ 診療科名		内科・小児科

④ 開設者（法人の場合は代表者）

保険医・保険薬剤師・その他	保険医又は保険薬剤師の登録の記号及び番号	東医 00000
医師・歯科医師 保険薬剤師・その他	保険医又は保険薬剤師の登録の記号及び番号	東医 00000

⑤ 健康保険法第65条第3項第1号、第3号から第5号までのいずれか（指定欠格事由）に該当　　有・無（●）

該当する法律名	
内容	
該当年月日	
処分権者等	

⑥ 医療法第30条の11の規定による勧告　　有・無（●）

勧告年月日	

⑦ 指定に係る病床種別ごとの病床数等　　0 床
（うち、一般病床　床、療養病床　床、精神病床　床、結核病床　床、感染症病床　床）
（特別の療養環境に係る病床　個室　床、2人室　床、3人室　床、4人室　床）　☑

⑧ 生活保護法の指定医療機関の申請を併せて行う　☑　　⑨ 生活保護法第49条の2第2項第2号から第9号まで（指定欠格事由）に該当しない旨の誓約　☑　　⑩ 国の開設した医療機関　・□

開設者の氏名（フリガナ）及び住所

氏名　医療法人社団東南会 理事長 大森 一郎（イリョウホウジンシャダントウナンカイ リジチョウ オオモリ イチロウ）
住所　東京都大田区大森二丁目2番○号△△ビル○○○号
電話番号 03（1234）0000
（法人の場合は、名称、代表者の職氏名及び主たる事務所の所在地）

上記のとおり申請します。
令和　　年　　月　　日
関東信越厚生局長　殿

- 「⑥医療法第30条の11の規定による勧告」
「無」を○で囲みます。
- 「⑦指定に係る病床種別ごとの病床数等」
「０床」と記入します。
- 「⑧⑨⑩生活保護法」
生活保護法の指定医療機関の申請を併せて行う場合は、⑧と⑨に
✔を入れます。
- 「申請者欄」
氏名……医療法人の名称、理事長氏名を記入します。「医療法人
　　　　○○会　理事長○○○○」のようになります。
住所……移転後の医療法人の主たる事務所の所在地を記入します。
電話番号……医療法人の電話番号を記入します。
❷別紙（保険医療機関・保険薬局指定申請書　添付書類（様式））
上から順番に書き方を説明します（次頁の「別紙」参照）。
- 「1　保険医・保険薬剤師の氏名等」
診療所開設届に記載した、管理者以外の勤務医について記載します。保険医でない場合は、「2　1に掲げる者以外の医師、歯科医師及び薬剤師のそれぞれの数」に人数のみ記載します。人数が多く書ききれない場合は、別紙として一覧表を作成しても構いません。ここには、氏名、保険医登録票の登録記号番号等を記載します。
氏名……保険医の氏名を記載します。
登録記号番号……保険医登録票の登録記号番号を「東　医
　　　　　　　　123456」のように記載します。
担当診療科……診療所開設届に記載した、その（歯科）医師の担
　　　　　　　　当診療科を記入します。
勤務形態……常勤または非常勤のいずれかを○で囲みます。
- 「2　1に掲げる者以外の医師、歯科医師及び薬剤師のそれぞれの数」
保険医登録をしていない勤務医がいる場合は、人数を書いてくだ

■ 別紙（保険医療機関・保険薬局指定申請書　添付書類（様式））（関東信越厚生局のＨＰを一部修正）

保険医療機関・保険薬局指定申請書　添付書類（様式）

1　保険医・保険薬剤師の氏名等

氏　　　　　名	登録記号番号	担当診療科	勤務形態
			常勤・非常勤
			常勤・非常勤
			常勤・非常勤

注1　病院・診療所にあっては、管理者を除く保険医の氏名等を記載すること。また、薬局にあっては、管理薬剤師を除く保険薬剤師の氏名等を記載すること。なお、氏名は戸籍簿に記載されている漢字を必ず用いること。

注2　担当診療科が複数ある場合には、主たる診療科を最初に記載すること。また、科目名の間を一文字空けて記載すること。

注3　勤務形態欄は、常勤又は非常勤のいずれかに○をつけること。

注4　欄が足りない場合は、上記の記載事項を記入したもの（様式はＡ４縦）を別紙として本様式に添えて提出すること。

2　1に掲げる者以外の医師、歯科医師及び薬剤師のそれぞれの数

医　　　師	歯　科　医　師	薬　剤　師
人	人	人
（うち常勤　人・非常勤　人）	（うち常勤　人・非常勤　人）	（うち常勤　人・非常勤　人）

3　看護師、准看護師及び看護補助者のそれぞれの数

看　　護　　師	准　看　護　師	看　護　補　助　者
人	人	人

注　病院又は病床を有する診療所のみ記載すること。

4　診療時間（開局時間）

月～金　9:00～12:00、14:00～18:30　　土・日・祝　休診

注　保険医療機関（保険薬局）の指定後に予定している診療時間（開局時間）について、通常週（年末年始、祝日がない一週間）の状況が分かるように記載すること。

5　遡及申請の有無及び区分（有の場合は、下記の該当する番号に○をつけること。）

（1）保険医療機関等の開設者が変更となった場合で、前開設者の変更と同時に引き続いて開設され、患者が引き続き診療を受けている場合

（2）保険医療機関等の開設者が個人から法人組織に、又は法人組織から個人に変更となった場合で、患者が引き続いて診療を受けている場合

（3）保険医療機関が病院から診療所に、又は診療所から病院に組織変更となった場合で、患者が引き続いて診療を受けている場合

（④）保険医療機関等が至近の距離（原則として２ｋｍ以内）に移転し同日付けで新旧医療機関等を開設・廃止した場合で、患者が引き続いて診療を受けている場合

6　指定希望日の有無　　無　・　⑪　令和　5　年　9　月　1　日

（1）指定日の希望がある場合には、「有」を○で囲み希望月日を記載すること。ただし、指定申請書を提出した翌月の1日以降（当月の指定申請締切日以降に提出する場合は翌々月1日以降）とすること。

（2）指定日の希望がない場合には「無」を○で囲み、指定申請書を提出した翌月の1日（当月の指定申請締切日以降に提出する場合は翌々月の1日）に指定されます。

さい。

- 「3　看護師、准看護師及び看護補助者のそれぞれの数」
記載は不要です（病院または療養病床を有する診療所のみ記載）。
- 「4　診療時間（開局時間）」
保健所に提出した診療所開設届の診療日時を記入してください。
- 「5　遡及申請の有無及び区分」
移転の場合は、(4)の「保険医療機関等が至近の距離（原則として2㎞以内）に移転し同日付けで新旧医療機関等を開設・廃止した場合で、患者が引き続いて診療を受けている場合」に○をします。

申請時には、グーグルマップなどの2つの地点の距離を測る画面を印刷し、それを説明資料として持参するとよいでしょう。
- 「6　指定希望日の有無」
「有」を○で囲み、遡及して指定を希望する日を記載します。今回の例では、令和5年9月1日と記入します。

❸保険医登録票

下記の（歯科）医師の保険医登録票の写しを添付します。
- 管理者
- 理事長
- 勤務医

❹その他

保険医療機関としての要件を満たしていることを確認するため、追加で写真の提出を求められる場合もあります。クリニックの入口の看板やサインの写真などです。

保険医療機関指定申請をする時点では、まだ看板やサインができていない場合もありますが、その場合はデータや暫定で紙に書いたものを入口に貼り、その写真を撮ったものでも構わない場合もあります。

なお、訪問診療のみを行う場合は、事前に、厚生局に相談してください。

【参考】在宅医療のみを実施する医療機関

• 在宅医療のみを実施する医療機関の指定に係る確認様式等について（https://kouseikyoku.mhlw.go.jp/kantoshinetsu/iryo_shido/zaitakuiryou-youshiki.html）

⑷　申請後の流れ

　指定申請時に、今後の流れについて案内や説明があります。その指示に従って対応してください。東京厚生局の場合の案内「**指定申請後のスケジュール**」を次頁に例示します。

　移転の場合は、右の列【遡及指定】に該当します。

　例えば、この関東信越厚生局東京事務所の例では、9月1日移転で9月10日までに指定申請をすると、9月下旬には、新しい医療機関コードが判明し、10月1日付で保険医療機関指定通知書がクリニック宛に発送されます。

　新しい医療機関コードが判明するのは9月下旬、保険医療機関指定通知書が発送されるのは10月1日ですが、移転後の診療所は、9月1日に遡及して保険医療機関として指定されます。

　なので、9月診療分の請求は、その9月下旬に判明する新しい医療機関コードで請求します。

　なお、新しい医療機関コードが判明してから、レセプト請求までには十分な日数がないので、レセコン（レセプトコンピューター）の設定等に関しては、レセコン会社の方に早めに相談しておいてください。

　処方箋を発行する際にも注意が必要です。この例では、9月1日から移転後の新しい医療機関コードになっています。なので、新しい医療機関コードが判明するまでは、処方箋を発行する際、医療機関コードの欄を空欄にしておき、コメント欄に「新しい医療機関コード申請中のため未記入」のようにコメントを書いてください。移転前の古い医療機関コードで処方箋を発行してしまうと、薬局で

■ 関東信越厚生局東京事務所の案内書類

指定申請後のスケジュール（～9月8日受付）

※下記につきましては、一般的なスケジュールを表記しております。指定申請の審査におきまして、健康保険法に基づく指定欠格事由等が確認された場合は別段の取扱いとなります。

【 新規指定 】	【 遡及指定 】

受付後書類審査

審査過程において確認事項がある場合は、ご連絡いたします。

毎月月末前（月1回）

関東信越地方社会保険医療協議会東京部会　開催
（保険医療機関・保険薬局の指定について諮問・答申）

医療協議会翌日以降（9月28日）に医療機関・薬局コードの電話照会に応じることができます。電話照会の際は、<u>開設者(法人においては代表者)又は管理者からご照会ください。</u>
（※開設者(法人においては代表者)又は管理者以外の方からの場合、電話照会には応じることができませんので、ご注意願います。）

医療協議会の翌々月以降

指定医療機関・薬局に対し指定時集団指導をeラーニングにより実施。（※）
（集団指導の通知は、当所指導課より別途、送付いたします。）

"医科・歯科"の開設者様

新たな医療機関コードが決定するまでの間の処方箋については、医療機関コード欄には何も記載せず、処方箋の備考欄にに「現在遡及指定申請中のため医療機関コード未記入」と記載して発行してください。

※　指定時集団指導について
　指定時集団指導につきましては、<u>eラーニング(eラーニングシステムにログインし、指定されたeラーニングコンテンツを視聴すること)</u>により実施いたします。詳細につきましては、集団指導の通知をご確認ください。

指定時集団指導の対象となる場合があります。
対象となる場合は、当所指導課より別途、通知を送付いたします。

令和5年10月2日に指定通知書を発送いたします。

・令和5年10月2日に保険医療機関・保険薬局として公示します。
・公示月の初旬に関東信越厚生局のHPに医療機関名、所在地、開設者氏名、管理者氏名、電話番号、FAX番号等をUPします。

《保険医療機関・保険薬局の指定に係るお問い合わせ先》関東信越厚生局東京事務所　審査課調査係
Tel　03－6692－5119(事務所代表)

<u>裏面</u>についてもご確認ください。（施設基準等について）

代理申請の場合は、この書類を開設者へお渡しください。

返戻になってしまい迷惑がかかってしまいます。

　この指定申請をすると、その後国保連合会と支払基金から、それぞれの手続き書類が届くので、大至急提出してください（指定申請時に渡される厚生局もあります）。期限が数日後に迫っている場合もあります。期日を確認し、不明点は電話で問い合わせるなどして、迅速に対応しましょう。

　なお、万が一国保連合会と支払基金の手続きが期限に間に合わない場合は、最初の月の分の銀行振り込みが１カ月遅れ、翌月に２カ月分がまとめて振り込まれることになります。万一間に合わなかったとしても、診療報酬が振り込まれないわけではありません。

　以上が移転の場合の保健所と厚生局の説明になります。

　以下では、その他の手続き（施設基準の届出、その他申請、介護申請）について説明します。

⑤ その他の手続き

■分院開設の場合

　これまで説明した保健所と厚生局の手続きは必須です（しないとクリニックはオープンできません）。一方、この後解説するその他の手続きは、しなくてもクリニックそのものはオープンできます。

■移転の場合

　その他の手続きも、移転前のものをそのまま引き継ぐことになる場合がほとんどです。例えば、施設基準の届出などがありますが、移転前の実績を引き継ぎ、遡及が可能ですが、手続きとしては、全部出し直しになります。

　施設基準の届出も早めに準備し、保険医療機関指定申請の際、施

第4章　具体的手続き　265

設基準の届出も一緒に提出するとよいでしょう。実績は、直前までの実績を書くので、9月1日移転であれば、8月の実績を調べ、その数字を提出することになります。早めに準備しておき、最後に実績のみ必要に応じて修正すれば問題ありません。

研修を受けていることが要件になっている施設基準については、注意が必要です。要件として必要な研修等の修了書の期限が切れている場合もあります。これも早めに受講して、施設基準の要件を満たせる状態にしておきましょう。

その他の手続きも、ほぼすべて再提出になります。抜けがないよう注意が必要です。麻薬の手続きやその他の手続きもあります。必要な手続きをリストアップするなどして、全体の手続きを見直し、早めに準備を済ませておきましょう。

なお、施設基準の届出、介護保険の手続きやその他の手続きは、すでに申請済みの場合でも、役所から連絡がある場合もあります。ここは役所内のタイムラグにより生じるものなので、連絡を受けた際には、何月何日に申請済みと伝えてください。

介護保険は特に手続きに時間がかかるようで2カ月程度のタイムラグがあります。そのあたりも、心配は無用です。役所によっては、移転の直後だけ、まとめて請求、まとめて入金になることも多々あります。あらかじめ、そのあたりも、確認しておいて、入金がなくても慌てないようにしておきましょう。

それでは、それぞれの手続きについて、解説します。

(1) 施設基準の届出

■分院開設の場合

保険医療機関指定申請と同じ厚生局の手続きになりますが、必須ではありません。普通の診療に加え、特別な診療行為をしたときに、その分プラスアルファの診療報酬を受け取るための加算の手続

きになります。医療機関によっては、これが結構大きな収入源になっている場合もあります。

　診療所開設後、体制が整い次第手続きをするということでも問題ありません。

　提出期限については指定申請時に案内があるので、最初から算定を希望する場合は、間に合うように早めに準備しておきましょう。

■移転の場合

　基本的には、移転前と同じ基準の届出をします。提出期限については指定申請時に案内があります。移転前と同じ基準については、遡及して算定開始となります。指定申請時に一緒に提出することも可能です。

　一方、移転後に新たに算定を希望する場合は、新規の扱いとなり遡及できないので、提出期限を確認し、間に合うように早めに準備しておきましょう。

　東京厚生局の場合の案内「**遡及指定に伴う施設基準の届出の再提出について**」を次頁に例示します。

別紙1

保険医療機関・保険薬局　指定申請者　様

関東信越厚生局東京事務所

遡及指定に伴う施設基準等の届出の再提出について

　施設基準等に係る診療・調剤報酬を引き続き算定する場合は、再度各施設基準等に係る届出書の提出が必要になります。

　なお、届出に必要となるものは、原則以下の3点です。施設基準ごとに1組作成してください。

---

　① 届出書（基本診療料においては別添7、特掲診療料においては別添2）
　　　・右上部に「遡及分」と朱書きしてください。
　② 届出書添付書類（様式1～）
　③ 施設基準等の届出にかかる算定開始日の遡及について【別紙2】
　※①②については、関東信越厚生局のホームページ「申請等手続き」
https://kouseikyoku.mhlw.go.jp/kantoshinetsu/　より一部を除きダウンロードできます。また、当所窓口にも用意しております。
　③ については、裏面の別紙2を添付ください。

　ただし、従前の届出内容に変更があり基準を満たさない場合は、遡及して引き続き診療・調剤報酬の算定を行うことはできませんのでご注意ください。その場合は、基準を満たしてからの届出となり、算定開始日は届出が受理された日の翌月（ただし、月の最初の開庁日に受理された場合は当月）からとなります。

提出期限　　令和5年10月2日（月）

※期限内に届出書が受理されない場合、引き続き診療・調剤報酬の算定をすることはできません。
※先進医療にかかる届出については、遡及の対象となりません。算定開始日は新たな届出と同様の取り扱いとなりますのでご注意ください。

　問い合わせ・提出先　〒163－1111 新宿区西新宿6－22－1 新宿スクエアタワー11階
　　　　　　　　　　　関東信越厚生局東京事務所審査課　TEL03－6692－5119

裏面に続く【別紙2】（施設基準等の届出にかかる算定開始日の遡及について）を

ご確認ください。

■令和６年度　各種申請・届出等の締切日について（抜粋）（関東信越厚生局のＨＰより）

届　　出	届出締切日	算定開始日
2.施設基準の届出等	令和６年４月１日（月曜日）	令和６年４月１日算定開始
	令和６年５月１日（水曜日）	令和６年５月１日算定開始
	令和６年６月３日（月曜日）	令和６年６月１日算定開始
	令和６年７月１日（月曜日）	令和６年７月１日算定開始
	令和６年８月１日（木曜日）	令和６年８月１日算定開始
	令和６年９月２日（月曜日）	令和６年９月１日算定開始
	令和６年10月１日（火曜日）	令和６年10月１日算定開始
	令和６年11月１日（金曜日）	令和６年11月１日算定開始
	令和６年12月２日（月曜日）	令和７年12月１日算定開始
	令和７年１月６日（月曜日）	令和７年１月１日算定開始
	令和７年２月３日（月曜日）	令和７年２月１日算定開始
	令和７年３月３日（月曜日）	令和７年３月１日算定開始

①　既存診療所や移転前診療所の施設基準の届出の調べ方

　診療科目や診療内容によって大きく異なりますが、通常、本院等や移転前診療所と同じ届出をする場合が多いです。PART Ⅱで調べた、本院等や移転前診療所の届出受理医療機関名簿や過去の手続き書類を参考に、準備をします。

■届出受理医療機関名簿（関東信越厚生局のHPより）

届出受理医療機関名簿

全医療機関出力
[令和 6年 7月 1日　現在　医科　]

令和 6年 8月 1日 作成　221 頁

項番	医療機関番号	医療機関名称	医療機関所在地 電話番号 (FAX番号)	病床数	受理番号	算定開始年月日	備考
1251	03,3979,6	白金高輪海老根ウィメンズクリニック	〒108－0074 港区高輪一丁目2番17号 高輪眼ビル5階 03-5789-2590　（03-5789-2591）		(情報通信) 第1772号 (医療DX) 第80号 (乳腺ケア) 第301691号 (婦特管) 第863号 (ハイ1) 第272037号 (がん指) 第343381号 (ハイ妊通1) 第301692号 (HPV) 第272038号 (外後発健) 第80177号	令和 5年 6月 1日 令和 6年 6月 1日 平成30年 6月 1日 令和 2年10月 1日 平成27年 4月 1日 令和元年10月 1日 平成30年 4月 1日 令和 4年 4月 1日	
1252	03,3981,2	アマラクリニック表参道	〒107－0062 港区南青山三丁目10番38号 岩田ハウス101号室 03-6438-9869		(情報通信) 第116号 (情通精) 第4号 (認1) 第301444号	平成30年 4月 1日 平成30年 4月 1日 平成30年 4月 1日	
1253	03,3982,0	品川シーズンテラス健診クリニック	〒108－0075 港区港南一丁目2番70号 品川シーズンテラス5階 03-6712-1445　（03-6712-1446）		(C・M) 第271349号	平成27年 5月 1日	
1254	03,3983,8	しおどめ眼科	〒105－7090 港区東新橋一丁目8番2号 カレッタ汐留地下1階 03-6228-5821　（03-6228-5831）		(医療DX) 第1807号 (コン1) 第310850号 (外在ベリ) 第2796号	令和 6年 6月 1日 令和 5年12月 1日 令和 6年 6月 1日	
1255	03,3985,3	医療法人 邦寿会東京皮膚科・形成外科 品川院	〒108－0075 港区港南二丁目16番1号 品川イーストワンタワークリニックモール307－D 03-5479-3988　（03-6433-0175）				
1256	03,3987,9	中山医院	〒107－0062 港区南青山三丁目14番19号 03-6434-5122　（03-6434-5122）				
1257	03,3989,5	新橋田中内科	〒105－0004 港区新橋二丁目16番1号 ニュー新橋ビル319号 03-3580-9466		(情報通信) 第529号 (外来感染) 第3034号 (がん指) 第28号 (がん指) 第271354号	令和 4年 4月 1日 令和 6年 6月 1日 令和 6年 6月 1日 平成27年 7月 1日	
1258	03,3995,2	医療法人社団 na o 田町芝浦耳鼻咽喉科	〒108－0023 港区芝浦二丁目19番19号 オ・アイ・芝浦2階 03-5418-8733　（03-5418-8734）		(外在ベリ) 第611379号	令和 6年 6月 1日	

② 具体的手続き

　施設基準の届出には、基本と特掲という2種類があります。

　施設基準の届出の様式は厚生局のホームページを検索すると、それぞれの基準名のところからダウンロード可能です。「Ctrl ＋ F」＋基準名（「情報通信」「補管」など）で検索して様式を探します。ちなみに「情報通信」「補管」などは略称です。

㋐ 基本診療料

　基本診療料の届出一覧（令和6年度診療報酬改定）（関東信越厚生局のHPより）

https://kouseikyoku.mhlw.go.jp/kantoshinetsu/shinsei/shido_kansa/shitei_kijun/kihon_shinryo_r06.html

基本診療料の届出一覧（令和6年度診療報酬改定）

当ページについて

令和6年度診療報酬改定に対応した基本診療料の施設基準の届出様式を掲載しています。

お知らせ

- 届出は、保険医療機関が所在する都県を管轄する事務所（埼玉県にあっては指導監査課）に1部提出してください。なお、保険医療機関において写しを適切に保管してください。
- 「郵送」によりご提出いただきますようご協力お願いします。なお、郵送により提出し届出が到着したか確認したい場合は、輸送状況を追跡することができるサービス（レターパック、簡易書留等）を利用する等の方法によりご確認ください（電話等による照会は対応いたしかねます）。
- 電子申請が可能な届出の一覧や、電子申請の利用開始の手続きに関しては「保険医療機関等電子申請・届出システムについて」をご覧ください。

特掲診療料については下記リンク先にございます。

- 特掲診療料の届出一覧（令和6年度診療報酬改定）

令和4年度診療報酬改定時点の基本診療料の届出一覧については下記リンク先にございます。

- 基本診療料の届出一覧（令和4年度診療報酬改定）

通知	基本診療料の施設基準等及びその届出に関する手続きの取扱いについて
届出先	事務所・指導監査課の所在地・連絡先

令和6年度診療報酬改定に関するお問い合わせ（ご質問）について

診療報酬改定のお問い合わせ（ご質問）につきましては、都県事務所（埼玉県にあっては指導監査課）で受け付けております。保険医療機関が所在する都県を管轄する事務所名をクリックしていただき、表示される案内に従ってお問い合わせいただきますようお願いいたします。

なお、お問い合わせが大変多く回答までに時間を要することがございますので、あらかじめご了承くださいますようお願いいたします。

茨城事務所	栃木事務所	群馬事務所	指導監査課（埼玉を管轄）	千葉事務所
東京事務所	神奈川事務所	新潟事務所	山梨事務所	長野事務所

整理番号	受理番号	施設基準通知	様式のダウンロード		R6年度診療報酬改定に伴う新たな届出事項		備考
			施設基準等名称	PDFファイル	ワード・エクセルファイル	新規	要再届出

「情報通信」という加算をとっている医療機関が多くあるので、本書ではこれを例として取り上げます。基本診療料のページで、検索のショートカット機能である「Ctrl＋F」を押して検索窓を出して「情報通信」と入力すると、対象が表示されます。

　それでは、「情報通信」の様式を確認してみましょう。

　様式別添7の「（届出事項）［情報通信機器を用いた診療に係る基準］の施設基準に係る届出」が、今回届出をする正式な基準名です。いわゆるオンライン診療です。チェックボックスにはすべて✔を入れます。

　この表紙に加え、もう1つの添付書類として、オンライン診療要

件を満たしていることを記入して書面（様式１）を提出します。

■別添７（関東信越厚生局のＨＰを一部修正）

別添７

基本診療料の施設基準等に係る届出書

保険医療機関コード		届出番号	（情報通信） 第　　　　号

連絡先
　担当者氏名：〇〇　〇〇
　電話番号：〇〇〇-〇〇〇〇-〇〇〇〇

（届出事項）

［　情報通信機器を用いた診療に係る基準　］

の施設基準に係る届出

[1-001]

☑　当該届出を行う前６月間において当該届出に係る事項に関し、不正又は不当な届出（法令の規定に基づくものに限る。）を行ったことがないこと。

☑　当該届出を行う前６月間において療担規則及び薬担規則並びに療担基準に基づき厚生労働大臣が定める掲示事項等第三に規定する基準に違反したことがなく、かつ現に違反していないこと。

☑　当該届出を行う前６月間において、健康保険法第78条第１項及び高齢者の医療の確保に関する法律第72条第１項の規定に基づく検査等の結果、診療内容又は診療報酬の請求に関し、不正又は不当な行為が認められたことがないこと。

☑　当該届出を行う時点において、厚生労働大臣の定める入院患者数の基準及び医師等の員数の基準並びに入院基本料の算定方法に規定する入院患者数の基準に該当する保険医療機関又は医師等の員数の基準に該当する保険医療機関でないこと。

標記について、上記基準のすべてに適合しているので、別添の様式を添えて届出します。

令和　5　年　〇　月　〇　日

保険医療機関の所在地　　東京都大田区蒲田三丁目3番〇号△△ビル〇〇〇号

及び名称　　　　　　　医療法人社団東南会　蒲田〇〇クリニック

　　　　　　　　　開設者名　医療法人社団東南会

　　　　　　　　　　　　理事長　大森　一郎

関東信越厚生局長　　殿

備考1　［　　］欄には、該当する施設基準の名称を記入すること。
　　2　□には、適合する場合「レ」を記入すること。
　　3　届出書は、1通提出のこと。

272　PART Ⅴ　大きなイベント〜分院開設・移転〜

■様式1（関東信越厚生局のＨＰを一部修正）

様式1

情報通信機器を用いた診療に係る届出書添付書類

１．診療体制等

要件	該当
（1） 「オンライン診療の適切な実施に関する指針」（以下「オンライン指針」という。）に沿って診療を行う体制を有していること。	☑
（2） 対面診療を行う体制を有していること。	☑
（3） 情報通信機器を用いた診療の初診において向精神薬を処方しないことを当該保険医療機関のホームページ等に掲示していること。	☑

２　医師が保険医療機関外で診療を行う場合

□　想定している　・　☑　想定していない　（想定している場合、以下も記載すること）

① 別紙2に定める「医療を提供しているが、医療資源の少ない地域」に属する保険医療機関であるか	□ 該当する ・ □ 該当しない
② 実施場所	
③ 患者の急病急変時に適切に対応するため、患者が速やかにアクセスできる医療機関において直接の対面診療を行える体制（具体的な内容を記載すること。）	
④ 医療機関に居る場合と同等程度に患者の心身の状態に関する情報を得られる体制（具体的な内容を記載すること。）	
⑤ 物理的に外部から隔離される空間であるかの状況	

３　自院以外で緊急時に連携する保険医療機関（あらかじめ定めている場合）

① 名称	
② 所在地	
③ 開設者名	
④ 担当医師名	
⑤ 調整担当者名	
⑥ 連絡方法	

第4章　具体的手続き　273

4　医師の配置状況

	配置医師の 氏名		経験等	修了証登録番号	修了年月日
☑	羽田　太郎	☑	情報通信機器を用いた診療を実施する医師が、オンライン指針に定める「厚生労働省が定める研修」を修了している	○○○○○○○	2023年 ○月○日

［記載上の注意］

1　「4」については、研修の修了を確認できる文書を保険医療機関内に保管していること。

2　□には適合する場合「✓」を記入すること。

㈡　特掲診療料

特掲診療料の届出一覧（令和6年度診療報酬改定）（関東信越厚生局のHPより）

https://kouseikyoku.mhlw.go.jp/kantoshinetsu/shinsei/shido_kansa/shitei_kijun/tokukei_shinryo_r06.html

特掲診療料の届出一覧（令和6年度診療報酬改定）

当ページについて

令和6年度診療報酬改定に対応した特掲診療料の施設基準の届出様式を掲載しています。

お知らせ

- 届出は、保険医療機関及び保険薬局が所在する都県を管轄する事務所（埼玉県にあっては指導監査課）に1部提出してください。なお、保険医療機関及び保険薬局において写しを適切に保管してください。

- 「郵送」によりご提出いただきますようご協力お願いします。なお、郵送により提出し届出が到着したか確認したい場合は、郵送状況を記録することができるサービス（レターパック、簡易書留等）を利用する等の方法によりご確認ください（電話等による照会は対応いたしかねます）。

- 電子申請が可能な届出の一覧や、電子申請の利用開始の手続きに関しては「保険医療機関等電子申請・届出システムについて」をご覧ください。

- 保険薬局の施設基準は、整理番号2 523からです。

- 有機溝報酬過改善評価料、ベースアップ評価料等の施設基準は、整理番号2 546からです。

基本診療料については下記リンク先にございます。

- 基本診療料の届出一覧（令和6年度診療報酬改定）

なお、令和4年度診療報酬改定時点の特掲診療料の届出一覧については下記リンク先にございます。

- 特掲診療料の届出一覧（令和4年度診療報酬改定）

通知	特掲診療料の施設基準等及びその届出に関する手続きの取扱いについて
届出先	事務所・指導監査課の所在地・連絡先

令和6年度診療報酬改定に関するお問い合わせ（ご質問）について

診療報酬改定のお問い合わせ（ご質問）につきましては、都県事務所（埼玉県にあっては指導監査課）で受け付けております。保険医療機関及び保険薬局が所在する都県を管轄する事務所名をクリックしていただき、表示される案内に従ってお問い合わせいただきますようお願いいたします。

なお、お問い合わせが大変多く回答までに時間を要することがございますので、あらかじめご了承くださいますようお願いいたします。

茨城事務所	栃木事務所	群馬事務所	指導監査課（埼玉県を管轄）	千葉事務所
東京事務所	神奈川事務所	新潟事務所	山梨事務所	長野事務所

整理番号	受理番号	施設基準通知	様式のダウンロード			R6年度診療報酬改定に伴う新たな届出事項		備考
			施設基準等名称	PDFファイル	ワード・エクセルファイル	新規	要再届出	
20			特掲診療料の施設基準に係る届出書	・別添2（2-1）（PDF：41KB） ・別添2（2-2）（PDF：697KB）	・別添2（2-1）（ワード：30KB） ・別添2（2-2）（エクセル：62KB）			

　特掲診療料の届出については、ほぼすべての歯科が「補管」をとっているので、例として取り上げます。特掲診療料のページで、「Ctrl ＋ F」で「補管」と入力すると、対象の基準が表示されます。施設基準の略称が補管ですが、正式名称は「クラウン・ブリッジ維持管理料」という基準名です。表紙（別添2）に加え、この添付書類（様式81）を提出します。

第4章　具体的手続き　275

■別添2 （関東信越厚生局のHPを一部修正）

別添2

特掲診療料の施設基準に係る届出書

保険医療機関コード		届出番号	(補管) 第　　　　号

連絡先
　担当者氏名：〇〇　〇〇
　電話番号：〇〇〇-〇〇〇〇-〇〇〇〇

（届出事項）

［　クラウン・ブリッジ維持管理料　］

の施設基準に係る届出

[2-520]

☑　当該届出を行う前6月間において当該届出に係る事項に関し、不正又は不当な届出（法令の規定に基づくものに限る。）を行ったことがないこと。

☑　当該届出を行う前6月間において療担規則及び薬担規則並びに療担基準に基づき厚生労働大臣が定める掲示事項等第三に規定する基準に違反したことがなく、かつ現に違反していないこと。

☑　当該届出を行う前6月間において、健康保険法第78条第1項及び高齢者の医療の確保に関する法律第72条第1項の規定に基づく検査等の結果、診療内容又は診療報酬の請求に関し、不正又は不当な行為が認められたことがないこと。

☑　当該届出を行う時点において、厚生労働大臣の定める入院患者数の基準及び医師等の員数の基準並びに入院基本料の算定方法に規定する入院患者数の基準に該当する保険医療機関又は医師等の員数の基準に該当する保険医療機関でないこと。

標記について、上記基準のすべてに適合しているので、別添の様式を添えて届出します。

令和　5　年　〇　月　〇　日

保険医療機関の所在地　　東京都大田区蒲田三丁目3番〇号△△ビル〇〇〇号
及び名称　　　　　　　　医療法人社団東南会　蒲田△△歯科クリニック

開設者名　医療法人社団東南会
　　　　　理事長　大森　一郎

関東信越厚生局長　　殿

備考1　[　　]　欄には、該当する施設基準の名称を記入すること。
　　2　□には、適合する場合「レ」を記入すること。
　　3　届出書は、1通提出のこと。

■様式81（関東信越厚生局のＨＰを一部修正）

様式 81

クラウン・ブリッジ維持管理料に係る届出書添付書類

補綴物の維持管理を実施し、クラウン・ブリッジ維持

管理料を保険医療機関単位で算定する旨届出します。

１．補綴物の維持管理の責任者（歯科医師）

氏　　名	役　　職
○○ ○○	管理者

２．具体的な維持管理方法

２年間の維持管理、ブラッシング指導、治療計画の立案等を患者に説明し、カルテに記載します。
補綴物維持管理書の配付・写しの保管等を行います。

３．保険医療機関開設年月（はっきりと年号の口にチェックマークを記載すること）

- □ 昭和
- □ 平成　　　　　　５　年　　　　　　１０　月
- ☑ 令和

４．保険医療機関コード

第４章　具体的手続き　277

⑵ 難病、労災申請など

　施設基準の届出の他には、難病の申請、障害の申請、被爆者や労災の申請など、様々な手続きがあります。

　分院の場合の必要な手続きは医療機関によって異なるので、本院等の手続き状況を参考に準備してください。

　なお、これらの手続きも、診療所開設後、体制が整い次第、順次手続きをするということでも問題ありません。

　分院も、本院などの既存診療所と同様の診療を行う場合がほとんどなので、本院等の手続き状況を確認し、分院も同じ手続きでよいか、追加で手続きをしたほうがよいものはないか、などを確認し、手続きを進めるようにしてください。

　移転の場合、それぞれの手続きについても、基本的にすべて出し直しまたは変更届が必要となります。移転前の手続き状況を参考に、必要な手続きを確認のうえ、準備してください。

　早めの準備が必要な手続きとしては、麻薬関連の手続きがあります。これは1カ月くらい前から早めに取りかかってください。麻薬については保健所によって取扱いが大きく異なります。

　また、医師個人名で出す手続きもあります。多くの手続きは医療法人が主体の手続きですが、例えば、麻薬の手続きについては医師個人での手続きです。

　難病指定医などの様々な指定医という手続きもあります。これも医師個人名での手続きです。

　なお、生活保護法申請は、令和5年7月より保険医療機関指定申請と併せて申請可能になりましたので、別途の手続きは不要です。

⑶ （介護保険法の）みなし指定

　保険医療機関に指定された医療機関は、介護保険法による医療系サービスの事業者として、指定をされたものとみなされます。これ

を「みなし指定」といいます。

　保険医療機関として指定されると、「（介護保険法の）みなし指定」の手続き書類が郵送で届くので、回答し返送します。手続き方法は都道府県等によって異なるので、確認したい場合は、各都道府県等の役所に問い合わせましょう。

　なお、保険医療機関等がみなし指定を用いて行うことができる（介護予防）居宅サービスは、以下のとおりです。

	みなし指定となるサービス	
保険医療機関	（介護予防）訪問看護 （介護予防）居宅療養管理指導　※注意1 （介護予防）短期入所療養介護　※注意2	（介護予防）訪問リハビリテーション （介護予防）通所リハビリテーション

※注意1　歯科が行う場合の実施可能なサービスは、（介護予防）居宅療養管理指導のみとなります。

※注意2　療養病床を有する病院または診療所に限ります。なお、療養病床を有しない診療所で短期入所療養介護（介護予防含む）を行う場合は、指定申請を行う必要があります。

 **著者略歴**

中村　弥生（なかむら　やよい）

大岡山行政書士事務所　所長
一般社団法人　病院のお医者さん　代表理事

医療法人の事務長として、総務・経理・各種手続きを統括した経験を持つ。2006年、行政書士資格を取得し、行政書士事務所開業。以来、複数の医療法人の事務長や税理士事務所での職務経験を生かした専門性と実務性の高いサービスを提供している。

これまで、医療法人の設立100件以上、定款変更300件以上、保健所、厚生局手続き300件以上、役員変更、決算届出などは2,000件以上を手掛ける。

現在も、多数の案件を抱えながら、自身のノウハウを専門家に伝えるプログラムを主催、医療法人向けコンサルティングにも注力している。

医療法人サイト：http://www.iryouhoujin.org/

いちばんわかりやすい
医療法人の行政手続き

令和7年1月10日　初版発行

検印省略

著　者　中　村　弥　生
発行者　青　木　鉱　太
編集者　岩　倉　春　光
印刷所　東　光　整　版　印　刷
製本所　国　宝　社

〒101-0032
東京都千代田区岩本町1丁目2番19号
https://www.horei.co.jp/

（営　業）　TEL　03-6858-6967　　Eメール　syuppan@horei.co.jp
（通　販）　TEL　03-6858-6966　　Eメール　book.order@horei.co.jp
（編　集）　FAX　03-6858-6957　　Eメール　tankoubon@horei.co.jp

（オンラインショップ）　https://www.horei.co.jp/iec/
（お詫びと訂正）　https://www.horei.co.jp/book/owabi.shtml
（書籍の追加情報）　https://www.horei.co.jp/book/osirasebook.shtml

※万一、本書の内容に誤記等が判明した場合には、上記「お詫びと訂正」に最新情報を掲載しております。ホームページに掲載されていない内容につきましては、FAXまたはEメールで編集までお問合せください。

- 乱丁、落丁本は直接弊社出版部へお送りくだされば取替えいたします。
- JCOPY〈出版者著作権管理機構　委託出版物〉
本書の無断複製は著作権法上での例外を除き禁じられています。複製される場合は、そのつど事前に、出版者著作権管理機構（電話03-5244-5088、FAX 03-5244-5089、e-mail: info@jcopy.or.jp）の許諾を得てください。また、本書を代行業者等の第三者に依頼してスキャンやデジタル化することは、たとえ個人や家庭内での利用であっても一切認められておりません。

Ⓒ Y. Nakamura 2025. Printed in JAPAN
ISBN 978-4-539-73057-7